- 基于综合实践活动的生涯教育系列丛书
- 重庆市普通高中生物学课程创新基地、北碚区普通高中生物学
- 中共重庆市委教育工作委员会中小学校党建重点课题（24SK
- 重庆市普通高中教育教学改革研究课题（2017CQJWGZ3042）成果
- 重庆市教育科学"十四五"规划课题（2021-10-217、K24ZG1150257）成果
- 重庆市普通高中精品选修课程《"三生"自然教育》《生物多样性教育》成果
- 重庆市首批中小学"支点"创新实验室成果

"三生"教育与生物探究

总主编◎欧　健　张　勇
主　编◎高红英　罗　键　黄均平

西南大学出版社
国家一级出版社　全国百佳图书出版单位

·重庆·

图书在版编目(CIP)数据

"三生"教育与生物探究 / 高红英, 罗键, 黄均平主编. -- 重庆：西南大学出版社, 2025.5. -- (附中文丛). -- ISBN 978-7-5697-2795-1

Ⅰ. G631

中国国家版本馆CIP数据核字第202472LL25号

"三生"教育与生物探究
SANSHENG JIAOYU YU SHENGWU TANJIU
主　编　高红英　罗　键　黄均平

责任编辑｜钟孝钢
责任校对｜张丽娜
选题策划｜王　宁　尤国琴
装帧设计｜闰江文化
排　　版｜吕书田
出版发行｜西南大学出版社（原西南师范大学出版社）
地　　址｜重庆市北碚区天生路2号
邮　　编｜400715
印　　刷｜重庆亘鑫印务有限公司
成品尺寸｜185 mm×260 mm
印　　张｜8.25
字　　数｜157千字
版　　次｜2025年5月 第1版
印　　次｜2025年5月 第1次印刷
书　　号｜ISBN 978-7-5697-2795-1
定　　价｜25.00元

编审委员会

总顾问：宋乃庆
主　任：欧　健　张　勇
副主任：刘汭雪　梁学友　黄仕友　彭红军　徐　川
委　员：邓晓鹏　崔建萍　卓忠越　陈　铎　冯亚东　秦　耕
　　　　李海涛　李流芳　曾志新　王一波　张爱明　付新民
　　　　龙万明　涂登熬　刘芝花　常　山　范　伟　李正吉
　　　　吴丹丹　蒋邦龙　郑　举　李　越　林艳华　罗　键
　　　　李朝彬　申佳鑫　杨泽新　向　颢　赵一旻　马　钊
　　　　张　宏　罗雅南　潘玉斌　秦绪宝　谭　鹃　张兵娟
　　　　范林佳

编写委员会

总主编：欧　健　张　勇
主　编：高红英　罗　键　黄均平
副主编：罗　钰　肖英俊　郭鹏杰　李九彬
编写者：王志坚　邓洪平　林艳华　蒋　珂　侯　勉　张　亮
　　　　龙　杰　张梦雨　罗渠高　赖冠颖　周　清　郑综艺
　　　　赖俊鼻　陈焕霞　余　游　郭　双　刘馨橘　吴春梅
　　　　毛群梅　苏　岩　何玉芬　郑　艺　赵　维　马玉龙
　　　　谢佳桐　张兵娟　廖祥贵　范林佳　杨钰宁　方　芳
　　　　谢宇桢　刘箫歌

总序一

新高考改革，出发点就是让学生拥有自主选择、自我负责的学习权。此种导向要求中学进行育人方式的变革，为学生开设生涯教育的课程，给予学生人生规划的指导，引导学生认知自己，明确自己的兴趣、性格、优势、价值取向，让学生以此为基础认识外界，更好地为自己设立生涯目标，并根据已拥有的资源实现目标。"基于综合实践活动的生涯教育"系列丛书，正是西南大学附属中学先于国家政策试点，通过不懈的实践探索，收获的基于综合实践活动推进生涯教育的特色研究成果。

如何通过生涯规划课程引导学生学会自主选择，这一重要议题为我国教育改革与发展开拓了一个新的领域。"基于综合实践活动的生涯教育"系列丛书，从实践的角度架构了基于综合实践活动的生涯教育的基本框架，为服务于学生发展的育人模式的构建、学校教育品质的提升和学校实践改革的推进提供了重要启示，具有开拓意义。

第一，该套文丛的目标定位和内容选择，是以"帮助学生找到人生方向"为根本宗旨，贯穿初高中，培养个体人生规划意识与技能，指导学生学会学习、学会选择，在充分认识自我和理解社会的基础上，平衡个人发展和社会发展的需求，初步设计合理的人生发展路径，促进个体生涯发展，提升生涯素养。

第二，文丛的设计与安排，坚守"学生是学习与发展的主体"这一根本理念，初高中分阶段相互衔接，进行一体化设计；通过活动为学生搭建主动选择的平台，以研究性学习、社区服务、社会实践、研学旅行、设计制作、职业体验等综合实践活动为载体，引导学生在活动中明确人生奋斗目标并激发生涯学习动力，并不是简单地为学生提供品类繁多的"超市商品"让学生选择。

第三，学校还开发了《传统武术奠基康勇人生》《食育与健康生活》《生物实践与创意生活》《数学视角看生活经济》《水科技与可持续发展》《乡土地理和家国情怀》等配套文丛，结合校内外的学习实践和生活实践，将基于综合实践活动的生涯教育理论渗透到学科课程中，为学生生涯发展提供重要教育平台和资源，弥补学生社会经历缺乏、生活经验不足、实践体验机会太少等生涯教育短板，促进生涯教育过程性和动态性发展。主体文丛和辅助文丛相辅相助，将生涯教育和综合实践活动有效融合，让学生在沉浸式的体验中感知自己、认知职业、畅想未来。

第四，文丛贴近学生，语言平实生动，联系初高中生活学习实际，通俗易懂；图文并茂，既有趣味的活动设计，又有学生实践的光影记录，观之可亲。学生可从课堂内的探索活动、课堂外的校本实践中深刻体验生涯力量，还可在教师的引导下从活动链接中习得生涯领域的重要概念及理论，为未来的生涯发展做好积累。

总体而言，整套文丛以综合实践活动为基础，融入学科课程和劳动教育，以提升学生生涯规划能力为目的，不断强化适合生涯发展的认知能力、合作能力、创新能力、职业能力，力图帮助学生适应并服务于社会，获得终身学习、终身幸福的能力。

教书育人在细微处，学生成长在实践中。本套文丛的出版，将丰富生涯教育的承载形式，为中小学开展并落实基于综合实践活动的生涯教育提供可借鉴的案例，有效加强中学生生涯教育，促进学生全面发展、终身发展和个性发展。希望广大学生也可以像西南大学附属中学学生一样，在最适合的时候遇到最美的自己，希望更多的学校像西南大学附属中学一样为学生一生的生涯幸福奠基，让他们成长为自己满意的样子。

裴娣娜

（北京师范大学资深教授，博士生导师，当代教育名家，
中国课程与教学论领军人物，全国教学论专业委员会主任）

总序二

寒来暑往,西南大学附属中学在生涯教育这片热土上已躬耕二十余年。多年实践让我们相信,学校的课程、活动、校本读本都应回到问题的原点:什么是教育?

教育,是将自然人培养成社会人的过程,是帮助每一个孩子认识自己、发现自己,让他既能成长为自己心中最美的样子,又能符合国家、社会对人才的需求。

因此,我们希望实现这样一种生涯教育:让学生有智慧地参与综合实践活动,从活动中生发智慧;让学生有德性地参与综合实践活动,在活动中完善德性;让学生带着对美的追求参与到活动中,在活动中提升创造美的能力。一个拥有智慧与德性,能够欣赏美、创造美的个体,定然能够在瞬息万变的世界里站稳脚跟,也能够在喧喧嚷嚷中细心呵护一枝蔷薇。

秉持这样的理念,我们编写了"基于综合实践活动的生涯教育"系列丛书,着力帮助学生更好地适应未来不同阶段的身份、角色。希望学习此书的孩子们,不必因为不懂自己、不明环境、不会选择而错失遇见最美自己的机会。请打开这些书,热情地投入到探索活动中,感知自己的心跳起伏,喜恶悲欣;细细品读每个生涯故事,观察他人的生活,触碰更多可能;更要在校本实践中交流碰撞,磨砺成长……这些书将是孩子们生涯成长路上的小伙伴,陪在身旁,给予力量。希望大家从此学会学习,学会选择,学会生活。

基于综合实践活动的生涯教育是为幸福人生奠基的教育。我相信,当每一个个体恰如其分地成长为自己所喜欢的样子,拥有人生幸福的能力,就同样能为他人带来幸福,为社会创造福祉,为国家幸福而不断奋斗!

欧健

(教育博士,正高级教师,西南大学附属中学党委书记)

序

近年来,"自然缺失症"在国内外教育领域引起了广泛关注。这是一种特殊的心理现象,主要表现为儿童在大自然中度过的时间越来越少,进而引发一系列行为和心理问题。比如,他们对世界表现出淡漠态度,好奇心、想象力和探求欲严重匮乏,情感体验也变得苍白。在"互联网+"时代,学生受电子产品的影响,逐渐与大自然隔离,同时,繁重的学业使他们埋头书本,无暇顾及身边事物,对周围世界的兴趣也日益丧失。

2000年,美国自然观察家Clare Walker Leslie和教育家Charles E. Roth合著 *Keeping a Nature Journal: Discover a Whole New Way of Seeing the World Around You*。从书名来看,"Keeping a Nature Journal"强调撰写自然笔记,"Discover a Whole New Way of Seeing the World Around You"则表明通过自然教育探索周围世界的新途径。2008年,此书被华东师范大学出版社翻译出版,书名为《笔记大自然》。该书中对自然教育的典型范式"自然笔记"定义为:以图文并茂的形式对身边的大自然进行有规律的观察,并记录自身认识、体会和感受。

自21世纪以来,我们相继组织师生开展了保护母亲河行动、生物学研究性学习、渝鄂湘黔"绿色之旅"科考夏令营、观鸟活动、防范外来物种入侵,以及校园自然保护和小区建设等丰富多彩的活动。我们设计牵头的"重庆市青少年生态环境接力调研行动"成绩斐然,先后被确定为全市和全国保护母亲河行动示范活动,2014年荣获首届中国青年志愿服务项目大赛银奖,2015年入选"童眼观生态"全国青少年生态文明教育体验活动十佳典型成果,并应邀赴北戴河国家湿地公园展示成果。

2014年起,我们参与了历届重庆市梦想课堂·自然笔记大赛、青少年生物多样性探究大赛的组织指导和标准制定工作,先后荣获首届重庆市自然教育课程奖和第二届生物多样性探究教师组特等奖。我们还将二十四节气与自然教育紧密结合,在《江河》、《中国绿色时报》、《少年先锋报》、"央视频"等开设多个生物多样性、自然教育、科学教育专栏,荣获重庆市生物多样性探究优秀教研团队;2016年,我们主持的重庆市普通高中精品选修课程"生物多样性教育"获市教委批准立项建设,2021年初顺利结项;2017年,生物学教研室获区教委批准立项建设重庆市北碚区"力行-致远"普通高中生物学课程创新基地,于2024年初顺利完成建设;2021年初,教研室又荣获市教委批准立项建设重庆市"生命·生活·生涯"普通高中生物学课程创新基地;2022年初,我们指导的重庆市普通高中优秀学生社团"科创'支点会'"获市教委批准立项建设;2023年,我们主研的《基于综合实践活动的生涯教育实践探索》获国家级教学成果奖二等奖、重庆市教学成果奖特等奖;2024年初,我们主持的重庆市普通高中精品选修课程"'三生'自然教育"获市教委批准立项建设。

党的十八大提出加快生态文明建设,强调"必须树立尊重自然、顺应自然、保护自然的生态文明理念","我们一定要更加自觉地珍爱自然,更加积极地保护生态"。了解自然,师从自然,积极开展自然教育,普及生物学科知识,提升公众意识水平,使敬畏自然、保护自然的理念深入人心,这是推进生态文明、建设美丽中国的关键行动。

自然与人类和谐相处是全人类的共识,也是人类生存发展的根基。我国地域辽阔、国土面积居世界第三,是世界上物种数最多、生态系统种类最为丰富的国家之一。然而,当前生物多样性锐减、自然环境破坏严重、环保意识淡薄等问题凸显,这反映出公众的自然教育严重不足。在此背景下,如何加强环境保护,充分利用高校院馆、自然保护地等教育资源,普及自然教育知识,在繁华都市中为孩子们开辟自然教育空间,成为我们必须思考和解决的问题。

本书以自然教育为核心,引导学生"关爱生命、关切生活、关注生涯",着力培养学生德智体美劳全面发展,实现"五育融合"。通过"三生"自然教育,期望学生在参与学校或社会实践活动以及人际交往过程中,养成尊重他人,自强自爱,团队合作的良好品德。

本书是"'三生'自然教育"课程成果的结晶,以培养学生对周围环境的关注和探究能力为宗旨。通过特色课程实施,培养学生调查、实践和总结归纳的能力,以便他们在未来的社会生活中遇到自然科学相关问题时,能够明晰探究过程,独立解决问题。

在此，特别感谢在本书编写过程中给予我们肯定和支持的国家、省市、地区教育、财政、宣传、文明、环境、林业、卫健、农业、水利、科协、团委、妇联、关工委等机构，以及清华大学、西南大学、中国科学院成都生物研究所、重庆师范大学、西南民族大学、重庆自然博物馆、上海自然博物馆、西南大学附属中学校教育集团、重庆市教育学会生态文明与环境教育专业委员会的领导与专家们。

自序至此，愿与各位读者以"保护好奇心，激发想象力，维持探求欲"共勉。

高红英　罗　键

2024年10月22日

目录 CONTENTS

第一章　水生动物篇 ·· 001

　　第 1 节　桃花水母　水中绽放 ·· 003

　　第 2 节　钩虾与中国南方喀斯特 ··· 007

　　第 3 节　品读长江"四珍""三鲜" ·· 013

第二章　两生爬虫篇 ·· 019

　　第 1 节　尺泽之鲵量山河 ·· 021

　　第 2 节　神龟虽寿　犹有竟时 ·· 026

　　第 3 节　龙生九子不成龙 ·· 033

　　第 4 节　盘桓于大江南北的蛇 ·· 038

第三章　飞禽走兽篇 ·· 045

　　第 1 节　山清水秀鸭先知 ·· 047

　　第 2 节　丁酉年的凤凰传说 ··· 054

　　第 3 节　丙申年从猴谈起 ·· 059

| | 第 4 节　戊戌年说狼与狗 ……………………………… 064 |
| | 第 5 节　万年有象应无恙 ……………………………… 069 |

第四章　乡土植物篇 ……………………………………………… 075

	第 1 节　倔强的植物界"大熊猫" …………………………… 077
	第 2 节　一树榕荫　满川乡愁 ……………………………… 081
	第 3 节　非典型植物的另类生活 …………………………… 086

第五章　生态环境篇 ……………………………………………… 091

	第 1 节　来次与两栖和爬行动物的偶遇 …………………… 093
	第 2 节　巴山夜里寻精灵 …………………………………… 100
	第 3 节　巴山·碚城·马鞍溪 ……………………………… 106

第一章

水生动物篇

第1节

桃花水母 水中绽放

桃花水母（学名 *Craspedacusta*）是一属在淡水中生活的小型水母，又称"桃花鱼""降落伞鱼"，因其形状如桃花，并多在桃花盛开的季节出现，故得名。桃花水母虽然在全球分布广泛，却是世界珍稀水生动物之一，已经在地球上生活了数亿年，具有很高的学术价值和观赏价值。

目前，我国有关桃花水母最早的记载是南宋熊文稷写的《忠州桃花鱼记》，后在明万历三十七年（1609年）的《归州志》（归州，今湖北省秭归县），清朝的《古今图书集成》《忠州直隶州志》中均有记载，由此可见，我国对桃花水母的形态、习性及生态等方面的认识是比较早的。

一、在全球广泛分布

桃花水母隶属刺胞动物门水螅纲，淡水水母目，笠水母科，桃花水母属，是一种濒临灭绝、古老而珍稀的腔肠动物。腔肠动物是地球"生命之树"的基干类群之一，它们的身体呈辐射对称的独特形态，存在无刺细胞的栉水母动物门，以及具刺细胞的刺胞动物门，桃花水母便归属于刺胞动物门。虽然全世界已报道的桃花水母种类接近20种（包括亚种、变种），但国内外学者公认的只有索氏桃花水母、伊势桃花水母和中华桃花水母3种。

对桃花水母的分类主要依据其形态特征，包括伞径的大小、触手的数目和级数、主副触手与其他触手的长短、刺丝囊疣的形状和排列方式、平衡囊的形状和数目、生殖腺的形状和颜色等。然而，现在仅凭借这些传统的形态学依据已难以满足精准分类的需求，因此，有必要从分子系统学的角度对桃花水母的分类进行厘定，以确定种、亚种及变种的有效性及其亲缘关系。

1880年6月，索尔比首次在英国伦敦的摄政公园皇家植物园内种植王莲的水槽中发现了小型水母，同年，经研究确认，建立了新属新种"索氏桃花水母"，之后世界各地才陆续有生物学家对桃花水母进行研究与报道。

我国对桃花水母的科学研究始于20世纪初。1939年2月，武汉大学教授高尚荫和公立华在四川嘉定（今乐山）大渡河边的一个水池中，发现了几个直径约为18毫米的桃花水母，经研究发表，定名为"中华桃花水母"。之后，在河南信阳的浉河港、浙江杭州西泠印社的人工水池、湖北秭归的天音潭、福建福安的富春溪、云南路南的黑龙潭水库等地域均采集到桃花水母的标本。

二、古老水母的前世今生

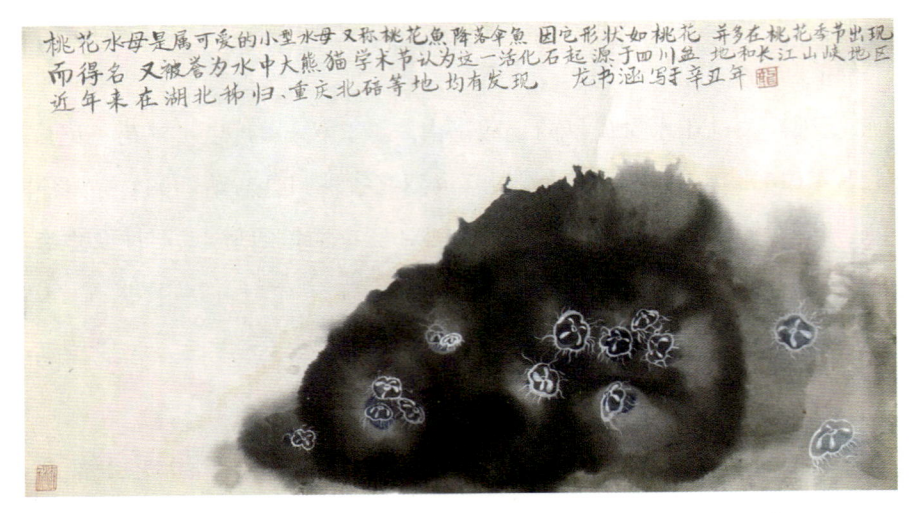

▶ 第七届重庆市梦想课堂·自然笔记大赛获奖作品《桃花水母》
（作者：龙书涵　指导教师：方芳、罗健）

索氏桃花水母为世界广布种，多分布于纬度30°~60°的亚热带和温带地区。过去，学界认为我国没有索氏桃花水母的分布，但分子生物学近年的研究表明，在我国江苏无锡、浙江绍兴、江西永修、河南南阳、湖北大冶、湖南株洲、四川宜宾、福建福州、河北平山等地发现的桃花水母，均为索氏桃花水母，只是可能存在种下划分。

中华桃花水母为我国特有物种，学界过去认为只分布于四川盆地、三峡库区。近年来，在湖北秭归、重庆北碚，以及贵州镇远等地均有发现。2016年，当我们整理桃花水母在我国的分布数据时，发现其分布区域已经扩大到24个省136个地级市323个县。

乐山桃花水母过去被认为是仅分布于川渝地区的中国特有物种。近年来,在四川郫县、都江堰、德阳,北京昌平,浙江温州,河南修武等地均有发现,甚至在德国、奥地利等国也有分布。

秭归桃花水母为中国特有物种,分布在湖北秭归和重庆等地。在三峡水库蓄水前,湖北省秭归县归州镇附近的天音潭、牛卧潭和鸭子潭三个水潭中桃花水母的种类组成曾引起广泛关注。有学者认为,这些水潭中一些种类的桃花水母,其珍贵程度堪比大熊猫。为保证三峡工程的建设不影响物种的繁衍,相关单位开展了对秭归桃花水母的调查和保护。三峡水库蓄水后,库区内多个地点(包括秭归县归州镇)的桃花水母并未因此而消失。

在我国云南澄江的帽天山,科学家发现了6种远古栉水母化石,距今约有5.2亿年。通过研究地史资料,结合现代桃花水母的分布,学界作出了一个猜想,那就是桃花水母起源于我国的四川盆地和长江三峡地区,在历经印支运动、燕山运动和喜马拉雅造山运动等地质运动,经历了数亿年的演变,才逐步由地理隔离的海产水母演变成今天的淡水水母。桃花水母本身具有世代交替和抗旱休眠的生殖、生存策略,加之世界各地之间野生水生生物的贸易往来,这可能是桃花水母在世界上分布广泛的原因之一。

三、昭君泪化桃花鱼

在我国湖北秭归一带,流传着桃花水母是由王昭君的眼泪变化而成的美丽传说:相传王昭君入宫前路过距归州不远的香溪河时,因故土难离,伤心不已,她泪流满面,用于擦拭眼泪的香罗帕当时已被眼泪浸透,于是她就到香溪河边去洗香罗帕。当她把香罗帕往水中一放,溪水顿时芳香四溢。当那一串串伤心的泪珠落到溪水中后,就变成了一群群状如团伞、轻若罗绡、颜色各异的"桃花鱼"。从那以后,当地人就给那条小溪取名"香溪",归州一带也就有了"桃花鱼"。直到今天,这条小溪仍叫香溪,但香溪河中已没有"桃花鱼"了,只有距离香溪5公里远的鸭子潭中还有。

《中国物种红色名录》评估了中国的9种桃花水母的受威胁等级,其中短手桃花水母、四川桃花水母、秭归桃花水母3种为濒危种;川井桃花水母、乐山桃花水母2种为易危种;楚雄桃花水母、杭州桃花水母2种为近危种;中华桃花水母、信阳桃花水母2种为无危种。近年来,在我国的华东、华北、中南、西南及西北地区相继发现桃花水母,报道频频见诸各类媒体,引起大家的关注。

出于对桃花水母的关注，近20年来，我们组织、指导相关研究机构和高校开展了一系列的调查和研究。我们最终发现，桃花水母种类并不太多，它们也不只是出没于桃花盛开之时，它们更不是"水中大熊猫"，而是在我国乃至全球广泛分布的一种淡水生物。

不过，这些都丝毫不影响人们对桃花水母的喜爱，在它们身上汇聚了古老的历史、前人的智慧、动人的传说、倾世的容颜，就像《传奇》中唱到的一样："只是因为在人群中，多看了你一眼，再也没能忘掉你容颜……"只要见过桃花水母在水中的一次绽放，你便会期盼着与它再次相逢。

（罗键、刘馨橘、冯昱人、张颜、李九彬、贾雪、罗福苹、罗渠高、高红英，原载于《江河》2016年第3期第84—87页）

第2节 钩虾与中国南方喀斯特

金佛山自然保护区是重庆直辖后建立的第一个国家级自然保护区,它的前身是四川省南川金佛山自然保护区,成立于1979年,1997年更名为重庆市金佛山自然保护区。由于保护区内生物多样性丰富,珍稀植物繁多,生态环境优良,在生态保护、科学研究和生态旅游方面都具有较高的价值。

这次,我们通过研究穴居钩虾来管窥重庆市金佛山国家级自然保护区的洞穴生物多样性,期望以此能够唤起更多公众关注我国喀斯特地区的生物多样性。毕竟,我们的祖先都曾生活在洞穴之中,我们的子孙还将利用洞穴资源。

一、探索之路——可爱钩虾的研究轨迹

中国的淡水钩虾研究始于20世纪20年代。中华人民共和国成立后,中国科学院动物研究所的沈嘉瑞陆续发现了3种淡水钩虾。21世纪以来,以中国科学院动物研究所侯仲娥和李枢强为代表的中国学者,他们与国内外学者合作,开展了较为系统全面的研究工作,大大增加了对我国淡水钩虾物种多样性的认识。截至2023年,这个研究团队已发现钩虾4新属102新种。

1758年,瑞典博物学家林奈首次记录了一个新种蚤状钩虾,当时命名为 *Cancer pulex*,且生境记录为海岸。后来,这种虾被证实为生活在湖泊和溪流中的一种淡水钩虾,其分布极为广泛,在我国也有分布。截至2003年,全球已知钩虾7879种,其中海产种类占大多数,只有少数种类分布于淡水及土壤中。我国淡水钩虾占全球的比例约为3.21%,显然不能与海产种类在全球钩虾中所占的比例相提并论,而地下水(洞穴)中的钩虾更是知之甚少。

我们在对世界自然遗产"中国南方喀斯特"——重庆市金佛山国家级自然保护区（地处重庆市南川区，以下简称"重庆金佛山"）进行生物多样性快速调查期间，在多个溶洞中采集到一种穴居钩虾，经鉴定为"可爱钩虾"。这是该物种在2013年命名以来的再发现，并首次对它们进行了实地监测，收集到了许多第一手生物学资料，还发现了大量洞穴物种。

▶ 第七届重庆市梦想课堂·自然笔记大赛获奖作品《钩虾》
（作者：吴昱侗　指导教师：方芳、罗键）

穴居钩虾个体通常都很小，可爱钩虾也不例外，成体约2±0.5厘米。它们的身体两侧扁平，静止时呈拱形，运动时"弓着腰"侧身泳动，也可见在水底直立或侧身爬行。

可爱钩虾栖息的洞内水体呈弱酸性（pH值6.7），水温12～13摄氏度，气温14～16摄氏度。作为典型的洞穴甲壳动物，可爱钩虾表现出明显的视觉退化现象，但是仍保留了眼部的一些特征，具体表现为眼变小，呈不太明显的小黑点。在头灯照射下，有负趋光性应激反应，即由见光处移动到黑暗处，有时也在水底寻找孔洞或缝隙躲避。

二、色即是性——可爱钩虾的繁殖习性

2014年8月6日，我们到了重庆市南川区三泉镇青牛洞，入洞就见到一个面积较大的积水凼，内有红点齿蟾蝌蚪。继续前进，在道路变窄后出现了一个水池，水底由泥沙构成。用头灯寻找时，在水中又发现了可爱钩虾，不同的是这片区域的可爱钩虾色泽偏黄。只见洞顶有缝隙，不时有阳光渗入，这可能是可爱钩虾色素合成的诱因。

我们继续前进，路越来越窄。前进大概5米后，脚下是一个狭长水池。用头灯探

查时,有了新的发现——深色的可爱钩虾。这些个体虽也略显透明,但色泽发黑。我们观察了一段时间,又有了进一步的发现——深色可爱钩虾正在抱合。我们采集了其中两对正在抱合的可爱钩虾进行观察,结果发现它们即便是在采集网或饲养瓶中仍有抱合行为。

接着向前又见到一个较小水池,我们在水池中又发现了白色可爱钩虾,却再没发现深色可爱钩虾。

回到住地,我们在观察深色可爱钩虾抱合时,发现装该虾的饲养瓶底有十来只两粒芝麻大小的"小虾"状生物,并且有两粒粗蔗糖大小的颗粒状物。经初步鉴定,这些应该是深色可爱钩虾抱合所产的卵和孵化的幼体。

在用乙醇处理后观察发现,深色可爱钩虾不论雌雄均泛出红色,然而白色个体依旧是白色。

可爱钩虾在洞内距明暗交界处几米的水凼中抱合产卵,再由卵孵化为幼体。根据观察,其全部生活都在洞穴内完成,繁殖时受激素调节,色素沉积,雌性呈现褐色,雄性呈现黑色。繁殖结束后,成体极有可能死亡。

性成熟个体与非繁殖期个体有明显的色泽差异,其生活状况可能表现为:淡黄色卵→淡黄幼体→白色透明(非繁殖期)→发黄半透明(过渡期)→发黑略透明(繁殖期)。可爱钩虾雌雄形态鉴别有三个特征:一是雌性繁殖期色泽偏褐,而雄性繁殖期色泽偏黑;二是雌性个体较雄性个体小;三是雌性触角和附肢都比雄性短。

三、伴生动物——溶洞里的小伙伴们

我们在观察中发现,有可爱钩虾分布的溶洞,均有蝙蝠和红点齿蟾等典型洞穴物种分布。一般认为,穴居钩虾在洞穴生态系统中起到分解者的作用,主要采食蝙蝠等动物的粪便和尸体,但我们在持续观察中未能见到其摄食行为,也未见红点齿蟾的成体或幼体捕食可爱钩虾。

此外,在本次调查中,我们在有可爱钩虾分布的溶洞洞口发现了棘腹蛙、峨眉林蛙、短嘴金丝燕、白腰雨燕,洞内发现了黔北角蟾尚未完成变态的个体、灶马、尺蛾、蜘蛛、马陆等动物。我们还在没有可爱钩虾的溶洞中发现了菌蚊、水黾等物种,以及食肉目猫科、食虫目鼩鼱科动物的足迹;在洞外地表水体中从未见到可爱钩虾,但附近个别小溪夜间可见红点齿蟾的蝌蚪和即将完成变态的个体。

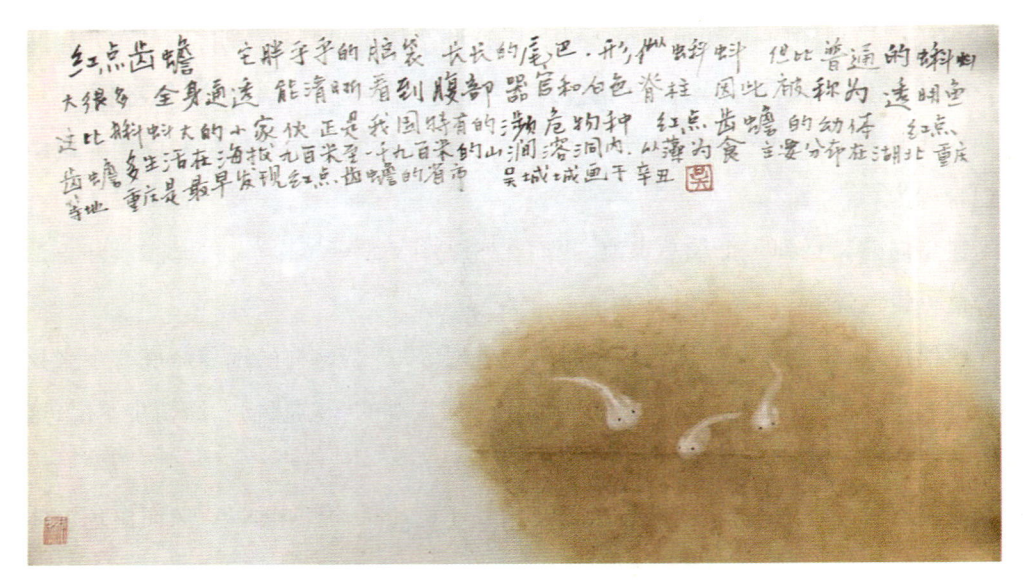

▶ 第七届重庆市梦想课堂·自然笔记大赛获奖作品《红点齿蟾》
（作者：吴城城　指导教师：方芳、罗键）

红点齿蟾常出现巨幼现象，蝌蚪长达10～20厘米，又因长期营穴居生活，蝌蚪皮肤色素较少，因此常被人称为"透明鱼"。该物种于1956年5—6月首先在重庆金佛山仙米洞（海拔1158米）中发现，当时共采到96只蝌蚪，其中有一只尾长53毫米且已具四肢的标本；1959年5月，在贵州毕节龙洞也采到蝌蚪；1974年6—7月又在湖北利川寒池采到蝌蚪。直到1971年2月，才由西华师范大学生命科学学院的邓其祥在贵州省遵义市采到1只雄性成蟾，1979年由中国科学院成都生物研究所胡淑琴和费梁以此标本为正模发表为新种。

红点齿蟾为中国特有物种，分布于海拔1000米～1790米的石灰岩洞穴及周边地带，《中国物种红色名录》将它列为易危种。该物种已知的分布地区包括湖北（利川、长阳、建始、巴东）、湖南（桑植、张家界、保靖、石门）、重庆（南川、巴南、万盛、万州、黔江、丰都、武隆、奉节、石柱、酉阳、彭水、北碚）、四川（兴文、筠连、长宁、珙县、古蔺）、贵州（毕节、遵义、水城、务川、清镇、威宁、正安、施秉、绥阳、习水、贵阳）和云南（威信）等。重庆市为最早发现地，亦是该物种分布的中心地区。

黔北角蟾和棘指角蟾最初被大家误认为是峨眉角蟾。1955年，中国科学院华南植物研究所何椿年首先在广西龙胜山区采到标本；1956年，他在重庆金佛山洋芋坪及铁瓦寺又采得一雌一雄及若干蝌蚪；1960年，他又在广西龙胜三门花坪采到标本；1973年，刘承钊和胡淑琴依据吴贯夫和江耀明1963年6月在贵州省雷山县采集的标本发表为新物种，并将上述两地标本更正为该物种；2020年，黔北角蟾确认为独立物种。棘指角蟾记录分布地区包括广西（龙胜、金秀）、重庆（秀山）、湖南（桑植）、四川（兴文、古蔺）、贵州（大方、金沙、江口、印江、雷山）和云南（威信）；黔北角蟾则已知分布于重庆（南川、武隆、涪陵）、四川（筠连）、贵州（桐梓、绥阳）。

务川臭蛙是须润华依据1979—1980年在贵州省务川仡佬族苗族自治县柏村大水库（大沟水库）溶洞采集的标本，在1983年发表的物种，被《中国物种红色名录》和《世界自然保护联盟濒危物种红色名录》评估为极危种。2002年5月至2008年11月，务川中学刘健昕等在务川仡佬族苗族自治县又新发现3处洞穴有务川臭蛙分布。务川臭蛙迄今已知的分布点为：贵州务川仡佬族苗族自治县柏村镇大沟水库溶洞（文发林洞）、龙洞湾，茅天镇关牛洞，镇南镇龙洞湾，沿河土家族自治县麻阳河自然保护区，荔波县；湖北建始县和广西环江毛南族自治县。此外，重庆市户外探险爱好者在重庆市南川区水江镇茂台竖井也发现有类似物种。2022年7月，在彭水苗族土家族自治县新田镇证实重庆市有该物种分布，为重庆市物种新记录。

四、沧海桑田——探秘中国南方喀斯特

中国生态环境和地质地貌多样，重庆、四川、贵州、云南、广西等省（自治区、直辖市）都有喀斯特地形分布，中国南方喀斯特地区是世界三大喀斯特地区之一，这里蕴藏着丰富的穴居钩虾资源。

截至2024年，重庆记录了5种钩虾——川虎钩虾、可爱钩虾、缘毛钩虾、洞穴钩虾及重庆金佛山地表水的钩虾新种。或许正如川虎钩虾在邻近的贵州湄潭、务川能被发现一样，洞穴钩虾在四川华蓥也能被发现；贵州习水、桐梓、道真、绥阳的秘密钩虾、长毛钩虾、透明钩虾和静水钩虾也可能在重庆綦江及万盛等大娄山区溶洞有分布；湖北利川、咸丰的利川钩虾、咸丰钩虾在重庆石柱、彭水、黔江等武陵山区的溶洞中或许也有居群；陕西岚皋、湖北竹溪的钩虾在重庆城口、巫溪等大巴山溪谷也应该有分布。

2015年推测，四川华蓥的洞穴钩虾、贵州道真的可爱钩虾已在重庆北部华蓥山区溶洞（2023年5月在北碚金刀峡已发现，渝北、合川可能也有）、南部大娄山区（重庆金佛山、武隆桐梓）溶洞发现。2024年2月，还在四川省资阳市雁江区西门桥附近的九曲河河漫滩发现了土壤钩虾——奥森跳钩虾，为四川盆地钩虾的新记录。

穴居钩虾在动物进化、生态系统发育、地理分布，以及物种形成研究中都占有重要地位，它们是远古海洋钩虾的孑遗类群。历次地质事件对生物多样性有重大影响，它们正是在这些沧海桑田的变迁中适应环境进化而成，并在穴居生活中进化出一些洞穴生物的特化性状，如眼部的退化、色素的消散等。因此，我们建议政府加强对洞穴物种的调查研究和资源保护，在适宜地区可尝试开展一些有经济前景、有科研价值物种的人工驯化和养殖，如钩虾类就可以开发为动物饵料和人类食物，以及作为环境指示物种。

本次调查也显示，尽管以可爱钩虾为代表的穴居钩虾迁移扩散能力很弱，加上洞穴有很强的地理隔离作用，但它们依然可以通过洞穴系统及地下水系，扩散到不同地点的溶洞中栖息，而非想象中的"一洞一物种"那样的狭域分布，那只是我们调查不够充分而已。所以，我们建议将生物多样性调查与自然地理研究紧密结合，通过学科综合产生更多的创新思路和重大发现。

（罗健、张梦雨、何玉芬、卢思颖、李浩、李九彬、罗渠高、高红英，

原载于《江河》2015年第1期第88—93页）

第3节 品读长江"四珍""三鲜"

千百年来，长江流域流传着一个渔谚："千斤腊子万斤象，黄排大得不像样。"渔谚中说的"腊子""象"和"黄排"就是长江四珍，"腊子"包括"大腊子"——中华鲟及"小腊子"——达氏鲟（长江鲟），"象"是指白鲟，而"黄排"则是指胭脂鱼。目前，三种鲟鱼都是国家一级重点保护野生动物，胭脂鱼是国家二级保护动物。

一、中华鲟，与恐龙同时期出现的物种

全球鲟科27种鲟中分布最南的是中华鲟，它可以越过北回归线到达珠江口。中华鲟在东南近海（包括东海、黄海、台湾海峡等）大陆架水域生活，以长江口渔场和舟山渔场较多，为大型溯河洄游性鱼类，在性成熟后进入江河繁殖。

近代，中华鲟主要分布于长江、珠江、闽江、钱塘江和黄河等大江大河，洞庭湖、鄱阳湖及近海，国外曾见于韩国汉江口及南端丽水附近和日本九州西部。

古时，中华鲟沿黄河向上分布至西安，是周朝祭祖庙的主要鱼类，近百年仅在黄河济南段捕到过四五尾，如今，黄河、钱塘江、闽江均已绝迹，珠江数量极少，仅长江存量稍大。二十世纪六七十年代前，这一与恐龙同时期出现的物种，其成体长度可达4米，体重可达500千克。每年秋季，中华鲟都会上溯至长江合江段至金沙江屏山段之间数百公里的16处天然产卵场产卵。但是，除人工增殖放流的个体外（如2009年6月13日，205尾人工繁殖中华鲟在重庆渝中珊瑚坝附近放流），野生中华鲟在此江段已消失殆尽。长江中下游、珠江、闽江及近海等水域，人工增殖放流的幼鲟依然具有正常的降河洄游和生长特性。

1834年，格雷定名中华鲟时，模式标本采自中国，可能是珠江水系，该物种至少存在形态结构和产卵季节均有差别的两个种群：长江中华鲟和珠江中华鲟。长江中华

鲟秋季产卵,珠江中华鲟春季产卵。在珠江水系可上溯西江至佛山三水区、肇庆封开县,甚至达广西浔江、郁江、柳江,上溯北江达乳源瑶族自治县。

长江与珠江的中华鲟究竟是同一个种,还是一个种的不同亚种或居群?学术界迄今仍有争议。近年来,珠江中华鲟近乎绝迹,长江中华鲟在葛洲坝截流后日益稀少,两个居群的分类或许将成为历史悬案。

20世纪70年代前,每年洄游到长江上游产卵的中华鲟近万尾;21世纪初,河势调整工程前后,洄游的有二三百尾;2008年起,洄游的只有几十尾至上百尾;2013年,国内开展中华鲟研究的四家研究机构——中国长江三峡集团公司中华鲟研究所、中国水产科学研究院长江水产研究所、中国科学院水生生物研究所和水利部中国科学院水工程生态研究所都首次未监测到中华鲟自然繁殖;2014年亦未发现野生中华鲟自然产卵的迹象。

1996年至2007年10月,湖北长江新螺段白鱀豚国家级自然保护区共发现了6条死亡的中华鲟,其中5条体长3米以上,1条体长约1.7米。这6条中华鲟中5条系被螺旋桨击中等原因而死亡,另1条是于2007年1月8日在长江洪湖虾子沟误捕致死。危害中华鲟的除了捕捞、航运船舶外,还有长江沿线的环境污染等因素。

为了保护中华鲟,国家每年投入大量的科研经费,研究人工繁殖技术,并开展人工放流工作。1983年从中华鲟体内取出的鱼卵进行人工繁殖成功,并将幼鲟放流入长江,至2011年底,放流入长江的中华鲟已达600多万尾,2012年"子二代"的繁殖成功,标志着可以不依赖野生亲鱼就能把该物种长期保存下来,同时也能使野生中华鲟的自然产卵行为免受人工捕捞的惊扰,从而更好地保护野生资源。

二、达氏鲟,迷你版的中华鲟

达氏鲟,是长江中一大一小两类黄鲟(大的是中华鲟)中较小的那种,也称长江鲟,俗称沙腊子。在20世纪70年代以前,这两种鲟长期被混淆为同种但不同大小的个体。事实上,两种在形态特征和生殖习性上均存在差异。

达氏鲟主要栖息于长江上游及其支流水域,一般不进行长距离的摄食或生殖洄游,产卵场主要分布在金沙江下游,向家坝工程淹没了它们大部分产卵场。达氏鲟一般在20千克以下,体长在1.5米以内,繁殖季节在春季,产卵盛期为每年的3—4月份。

▶ 第七届重庆市梦想课堂·自然笔记大赛获奖作品《达氏鲟》
（作者：胡禹桐　指导教师：罗键、杨钰宁）

20世纪70年代，每年的8—9月，在宜昌江段仅能采集到几尾达氏鲟幼鱼，1982年以来，在宜昌坝下江段共捕获几十尾达氏鲟。1981—1993年，宜宾至合江江段总捕捞量为344尾；1995年以后锐减，可查记录有合江江段1995年1尾，1996年2尾，1999年4月误捕1尾，经抢救后放流。泸州渔民在1990—2000年间误捕126尾达氏鲟，均为不足0.5千克的幼鱼；从2001年起，泸州境内的长江水域再未发现达氏鲟的踪迹。在重庆木洞江段，1997年采集到1尾，2001年误捕2尾，2004年长江涪陵江段误捕6尾；近年来，重庆江段依然可见达氏鲟，如2008年9月在南岸、2009年6月在丰都、2011年6月在江津、2012年11月在江北等地都偶有发现，重庆江段可能还有产卵场。但是，2015年5月，达氏鲟在贵州赤水河中被误捕，表明它的再度出现。

三、白鲟，最接近灭绝的物种；胭脂鱼，有比较稳定的种群规模

在法国传教士普拉特1892年出版的传记中，曾记录了长江中1尾900余千克的白鲟；20世纪20年代，中国生物学家秉志也曾发现1尾，长达7米左右。白鲟产卵场分布于金沙江下游和重庆以上的长江干流，它们主要的产卵场为四川屏山至泸州江段，比较集中的产卵场为宜宾柏溪附近的金沙江段和江安附近的长江段。白鲟的成熟个体在繁殖季节前有上溯洄游的习性，而幼鱼在长江中下游及河口区索饵育肥，其产卵季节为每年的3月下旬至5月上旬。

白鲟有个近亲,即分布在北美洲的匙吻鲟。这种隔着太平洋的分布是板块漂移的孑遗现象,在其他生物类群中也存在,典型代表就是中国的几种大鲵、日本大鲵和美国的隐鳃鲵。

1976年以前,整个长江流域白鲟的年捕捞量为六七百尾,但遗憾的是,我国至今尚未成功保留一尾活体。这种长江中最大的淡水鱼是所有鲟鱼中最接近灭绝的物种。

"四珍"中的胭脂鱼隶属鲤形目亚口鱼科胭脂鱼属,截至2015年,该科全球约13属72种,除国产的胭脂鱼和西伯利亚东北角的亚口鱼外,其余种类均分布于美洲。胭脂鱼在长江流域均有分布,但主要分布于宜宾至重庆的长江及金沙江、岷江、嘉陵江等江的下游;福建闽江亦产,但少见。根据近年的误捕资料分析,胭脂鱼在长江及其支流中仍有比较稳定的种群规模。

四、鲥鱼、刀鱼,稀而珍贵

鲥鱼也是一种洄游性鱼类,因每年端午前后从海里游回江中产卵,且洄游路线和时间固定而得名。在我国,鲥鱼大多从东海洄游到长江产卵,但长江中的鲥鱼已近30年不见踪迹,珠江鲥鱼亦然,它们甚至没有给我们留下几张像样的照片,现在市面上的"鲥鱼"多是从美国引进的西鲱。

2015年6月,相关媒体历时近1月,辗转近千里,在长江鲥鱼曾经出没的江西、湖南、湖北等地多番寻找,终一无所获。

长江刀鱼是长颌鲚的俗称,它们平时生活在海里,每年清明前后由海入江,并溯江而上进行生殖洄游,它们沿长江进入湖泊、支流或在长江干流中产卵。由于长江污染和有段时间的滥捕滥捞,长江刀鱼产量逐年下降,售卖价格令人咋舌。2015年4月2日,南通人邹先生在长江捕获1条长约46厘米、重约450克的罕见大刀鱼,还引发了媒体的广泛关注。

五、河豚,从有毒食物到寻常食材

我们都读过苏轼的《惠崇春江晚景》中的诗句,"竹外桃花三两枝,春江水暖鸭先知。蒌蒿满地芦芽短,正是河豚欲上时"。宋人严有翼在《艺苑雌黄》中说:"河豚,水族之奇味,世传其杀人。"每年清明前后,当河豚的卵巢发育成熟时,它们便从大海上溯至江河中产卵。

河鲀泛指硬骨鱼纲鲀形目鲀科的各属鱼类,因体形似"豚",常在河口捕获,故俗称"河豚"。宋人马志在《开宝本草》中有提到,"河豚,江、淮、河海皆有之"。但是,随着生态环境的变迁,河豚如今在黄河、淮河中已不见踪影。

在20世纪90年代以前,河豚以天然捕捞为主,沿海、沿江有40多种,人们误食中毒的多为野生河豚,长江下游和沿海地区时有中毒事件发生。90年代初我国兴起了河豚养殖热潮,南方主要养殖暗纹东方鲀,北方主要养殖红鳍东方鲀,另有少量假睛东方鲀养殖。

河豚毒性大,自古有名,"拼死吃河豚"体现了人们对美食的追求。因此,中华人民共和国成立以来,河豚一直被国家相关部门明令禁食。1990年11月20日颁布的《水产品卫生管理办法》第三条明确规定:"河豚鱼有剧毒,不得流入市场,应剔出集中妥善处理,因特殊情况需进行加工食用的应在有条件的地方集中加工,在加工处理前必须先去除内脏、皮、头等含毒部位,洗净血污,经盐腌晒干后安全无毒方可出售"。(该办法于2010年废止)

2015年4月24日修订的《中华人民共和国食品安全法》第三十四条规定,禁止生产经营"国家为防病等特殊需要明令禁止生产经营的食品",这个范围比较宽泛,具体执法时要看是不是因为食用河豚引起中毒,若是就会依法处罚,溯源查办。

(罗键、李九彬、窦喆、高红英、黄子晋、古啟莲、唐琪淋,
原载于《江河》2015年第4期第92—95页)

第二章

两生爬虫篇

第1节

尺泽之鲵量山河

"尺泽之鲵"原本用来比喻见识短浅的人,而鲵的生存现状提示我们,鲵的生存环境越来越狭差,因地制宜地建立监测保护站点,根据实际情况确定保护对象,立法实施新种保育机制等,对实现人与自然的生态平衡和人类社会的可持续发展有着重要意义。

▶ 第七届重庆市梦想课堂·自然笔记大赛获奖作品《尺泽之鲵》
（作者：周锦芩、刘梓昂　指导教师：方芳、罗键）

一、小鲵

战国时楚人宋玉在《对楚王问》中说："夫尺泽之鲵，岂能与之量江海之大哉！"作为成语，"尺泽之鲵"常用来比喻见识短浅的人。

"尺泽之鲵"到底指何物种？在公布答案前，让我们先了解国产两栖动物的水栖、陆栖和树栖三大生态类型。水栖两类：静水型有尾类以蝾螈（含滇螈）为代表；流溪型有尾类生活在江河内的只有大鲵一种，生活在山区或高原溪流内的有北鲵、巴鲵、山溪鲵和瘰螈。陆栖三类：林栖静水繁殖型，有尾类以疣螈、棘螈、中国小鲵、极北鲵为代表；穴栖静水繁殖型，以狭口蛙、蟾蜍为代表，国内目前尚无典型穴居有尾类；林栖流溪繁殖型，有尾类以拟小鲵、爪鲵、肥鲵为代表。树栖类型则包括雨蛙和树蛙，国内目前尚无典型树栖有尾类。美洲及南欧分布的无肺螈能适应多种生境，陆栖、水栖、树栖皆有。

这样看来，在中国小鲵、商城肥鲵、黄斑拟小鲵、施氏巴鲵等几种鲵中，符合在"尺泽"这样的山间小水塘繁殖，并在附近茂密的次生林、草灌丛内营陆栖生活的，应为林栖静水繁殖型的中国小鲵。

1889年英国德裔动物学家根脱依据普拉特在中国湖北宜昌采到的2号标本，只用了简单的几句原始描述就命名为中国小鲵。在国内的新闻报道中，"中国小鲵"几乎成了除大鲵外的各种国产有尾两栖类的代名词。中国科学院成都生物研究所赵尔宓和美国康奈尔大学的鹰岩，在查看了英国自然历史博物馆馆藏的全模标本后，认为该2号标本确实是小鲵属物种，并对它进行了再描述。华中师范大学第一附属中学师生于2005年在湖北宜昌高家堰再次采到2号标本，其基本特征与中国小鲵的描述吻合，人工孵化饲养的2号4月龄亚成体与全模标本更为一致，由此确认中国小鲵在116年后被再次发现，其种群在模式产地仍在繁衍。

1950年，中国科学院学部委员刘承钊院士依据采到的9号标本，并以采集人西南大学施白南的姓氏命名为施氏小鲵；1960年，刘承钊等依据四川巫山官阳三河坝（今属重庆市）标本发表巫山北鲵，并指出之前发表的施氏小鲵为此新物种的较小标本；1981年，里施和托恩将后者作为前者的同物异名而重新组合为巫山北鲵；1983年，赵尔宓院士和胡其雄以该种为模式种，建立巴鲵属，将该种改称巴鲵。本文建议称它为施氏巴鲵，我们的研究首次证实并经赵尔宓院士审定，模式产地系中国川东大场子鸡心岭。

1960年，中国科学院成都生物研究所胡淑琴和杨抚华报道在重庆金佛山采到"小鲵科幼体"191号标本；1976年，中国科学院成都生物研究所费梁和叶昌媛报道重庆金佛山的191号标本为"北鲵"的一种，并指出该物种与他们在湖北利川获得的71号标本可能为同种。直至2006年5月在重庆金佛山采到2号成体后，才于2009年报道为新种金佛拟小鲵。

1978年，胡淑琴和费梁依据湖北利川寒池73号标本发表黄斑小鲵；1983年，费梁和叶昌媛以黄斑小鲵为模式种建立拟小鲵属，将其改称黄斑拟小鲵。

这些枯燥的文字是有故事的，我们从中可以管窥我国小鲵科动物的研究史。"发现→报道→修订，再发现→再报道→再修订……"如此反复，直至慢慢地接近真相。小鲵科物种的研究历程是人类认知过程的一个缩影，也体现了分类学的现实状况和发展方向。

二、大鲵

大鲵俗称"娃娃鱼"。很多人区分不开小的大鲵（幼体）和大的小鲵（成体），其实，最简单的办法是看全长、外鳃和眼睛：大鲵幼体从3厘米长到20厘米左右时3对外鳃消失，大多数大鲵成体不超过70厘米，体重不超过20千克，眼很小且无眼睑，位于背侧；国产小鲵科动物幼体从2厘米长到10厘米（一般不超过10厘米）时3对外鳃即消失（龙洞山溪鲵除外），成体一般不到20厘米，眼较大且凸起并有眼睑，位于头侧。

大鲵属于隐鳃鲵科，隐鳃鲵科截至2017年仅2属，3个亲缘种隔着太平洋及东海间断分布。隐鳃鲵属仅1种，分布于美国东部，也称美国大鲵，成体有1对鳃孔；大鲵属有2种，分布于东亚，分为中国大鲵和日本大鲵，成体无鳃孔。日本大鲵产于本州岛南部、四国岛及九州岛，中国大鲵主要分布于长江流域、黄河及珠江中下游地区，栖息于山溪或江河之中。

大鲵系1871年法国动物学家布兰查德依据采于青藏高原以东的中坝（今四川江油中坝）标本，并以采集人戴维神父的姓氏命名该种。1912年巴伯认为该种就是日本大鲵，1935年张孟闻、1940年坡普和博爱理都曾将它改定为日本大鲵的亚种；1958年，韦斯特法尔将它作为曾被视为圣经故事"洪水证人"的化石种居氏大鲵的亚种，1981年埃斯蒂斯则认为它是该化石种同物异名等。但是，以上改变均未被国内外学者广泛采用和延续，现通行的还是50多年前布莱姆厘定的学名。

大鲵为中国特有(最新研究表明可能包括5~9个物种),主要分布于山西、江苏、浙江、安徽、福建等18个省份。

三、蝾螈

疣螈属分布于我国的华中、华南和西南地区,但印度、尼泊尔、缅甸、泰国、越南及老挝也有分布,截至2017年已知有10余种。国内外的研究基于形态特征将疣螈属分为疣螈和瑶螈两个亚属。

瑶螈或许起源于越南红河流域,因为越南瑶螈在该类群中处于基部,较为原始。该物种向四周扩散演变为新种,在进入珠江流域后演变为典型的细痣瑶螈:其中一支向东南扩散进入我国海南岛,经北部湾沉降隔离演变为海南瑶螈;另一支向西南扩散进入老挝演变为老挝瑶螈;还有一支向东扩散进入湘粤交界的南岭东段后,演变为莽山瑶螈;向北则经苗岭进入长江流域。

自2010年以来,大别瑶螈、宽脊瑶螈、莽山瑶螈和浏阳瑶螈等物种相继发表为新种。截至2017年,我国已报道蝾螈科有效物种46种,有24种为21世纪以来发表的新物种,并且此科还存在隐存种。

学者们发现,香港瘰螈很有"表演天赋":人手一触及其头部,它马上翻转身体,用红色的腹部朝向人,尾巴缠住头部,全身僵硬装死并发出刺激性臭味。若你继续一动不动地"欣赏"其表演,它会先缓缓地动一下头,用眼睛打量周边,看到人仍然不动,它才会立马翻身爬入水中,匆匆逃跑。同属的近亲中国瘰螈等,也有类似的装死习性。

此外,在动物界里,鲜艳的红色、橙色、黄色斑为警戒色,这是警告天敌:"我有毒,别碰我!"中国蝾螈的腹部,以及四肢或尾的腹侧均有鲜艳的斑块、斑点或条纹。装死、恶臭和警戒色,往往可使它们在遭遇敌害时逢凶化吉、保全性命,但挡不住标本贩子和宠物贩子的劣行。

2014年,中国研究学者侯勉等在《动物分类学》上发布了一个两栖动物新种高山棘螈,它拥有较大的方骨凸起。棘螈和姐妹类群疣螈,是蝾螈中的原始类群,它们本是一家,20世纪80年代后才将棘螈从疣螈中彻底分出来。

在2016年公布的《中国脊椎动物红色名录》中,共评估了408种两栖动物,有的已灭绝,有的濒危,此外还有少数物种未予评估。受威胁的两栖动物共计176种,占评估物种总数的43.1%,这明显高于世界两栖动物的受威胁率。中国两栖动物受威胁比例最高的目是有尾目。受威胁比例最高的科是隐鳃鲵科(仅1种大鲵)、小鲵科和叉舌蛙科。

21世纪初,我们曾将有尾类作为健康河流评分在90分以上的标志性物种。包括有尾类在内的野生动物的生存和发展维系着生态系统的平衡与稳定,对人类社会的可持续发展有着重要意义。目前的生存现状,提示我们亟须制定两栖动物保护行动计划,要因地制宜地建立监测保护站点,根据实际情况确定重点保护对象,与时俱进调整重点保护名录,立法实施新种保育机制等。

"尺泽之鲵",只是两栖动物表达的最小生存诉求;监测山河,才是人类回报自然的最大文明建构!

(罗键、雍培、张睿、杨钟竣、陈飞宇、李奇阳、周羽、李九彬、马书语、张亮,原载于《江河》2017年第2期第116—119页)

第2节

神龟虽寿 犹有竟时

　　大约在两亿年前,龟鳖类起源于海洋,历经了地壳运动、气候剧变等引起的多次生物大灭绝后,幸存至今。

　　20世纪80年代以前,龟鳖类曾经广泛分布于我国各地,重庆辖区内所有区县适宜水体中都曾有龟鳖类的踪迹。但是由于环境破坏、滥捕滥杀等原因,近几年在我们进行的一系列野外调查中均未见一只本地龟的踪迹,硕果仅存的只有中华鳖。人为放生到野外的外来入侵物种红耳龟、蛇鳄龟和大鳄龟倒是屡有发现。

　　国内其他地区乃至整个亚洲的龟鳖也都面临着同样的"龟鳖危机",那些以前广泛分布、数量众多的常见物种,现已逐渐在各地销声匿迹。

一、古龟故土——巴蜀地区龟鳖类溯源

　　巴蜀地区物产丰富,自古被誉为"天府之国"。同样,巴蜀地区的爬行动物化石种类也很丰富,数量众多。但大家普遍知道的,可能主要是这里的恐龙化石,对龟鳖类化石知之甚少。

　　2008年,中外科学家合作在英国《自然》期刊上报道了一个具有划时代意义的重大发现:在巴蜀地区邻近的贵州关岭,在距今约2.2亿年前的中生代晚三叠纪地层中,发现了一批处于起源阶段的龟类化石——半甲齿龟。

　　三叠纪时期的龟鳖类化石在世界上极为罕见,此前公认的3个属种分别发现于德国、泰国和阿根廷,但这些化石种类都已与现代龟鳖类非常相似,无法为龟鳖类的起源提供充分的线索。

　　半甲齿龟的身体结构显示,与此前科学界普遍推断不同的是,龟类腹甲的形成远远早于背甲,当腹甲已演化到与现生龟类差不多时,背甲才开始出现,这一过程与现

生龟类的胚胎发育也十分相似；背甲的形成始于脊椎处，与肋骨的特化有显著关系，这与先前推测的单独存在的甲片无关。

此外，以前大多数古生物学家都认为龟类起源于陆地，但据半甲齿龟的骨骼结构、化石发现点的地质情况显示，这种原始龟类很可能生活于海滨或河流三角洲地带，其适应水生环境的程度与现生龟鳖类相似。

中华人民共和国成立初期，在修建成渝铁路和重庆市郊基建设施的过程中，除发现了举世闻名的晚期智人——资阳人外，也发现了一批爬行动物化石。经鉴定，其中的龟鳖类化石大多可归入此前仅见于欧洲的蛇颈龟科蛇颈龟属，是国内化石中科属新记录，并于1953年命名为重庆蛇颈龟、放射纹蛇颈龟、宽缘板蛇颈龟3个化石新种，推测世代为1.4亿年前的中生代晚侏罗世，这是我国学者最早的一篇有关该类化石的重要著作。该文将四川资阳1件龟化石定为新属种——资阳天府龟，也归入蛇颈龟科。

1963年，中国科学院古脊椎动物研究所叶祥奎教授又发现了大足蛇颈龟和广安蛇颈龟两个化石新种。直至1973年，叶祥奎才在巴蜀地区以外的云南峨山发现峨山蛇颈龟。1982年，叶祥奎和重庆博物馆方其仁又依据四川井研1件化石标本发表了井研蛇颈龟。迄今为止，国内蛇颈龟化石依然主要发现于四川盆地，蛇颈龟可算是巴蜀地区的"特产"。

距今1.5亿年前的中生代中侏罗世，四川盆地的龟鳖类化石种则包括1科2属4种，即成渝龟科成渝龟属的似贝氏成渝龟、自贡成渝龟、大山铺成渝龟和成渝龟科四川龟属的周氏四川龟，以及一些近似种和未定种，它们均为巴蜀地区特有化石种类。

其实，在1953年，杨钟健和周明镇也记述了一件中生代晚侏罗世的鳖类化石——维氏中国古鳖，它被视为最早的鳖类代表。1978年，叶祥奎在四川资中发现了中生代侏罗世龟甲碎片。

1998年，自贡恐龙博物馆叶勇还报道了1995年在四川内江发现的一件较完整的晚侏罗世至早白垩世的龟甲标本，归入中国龟科，并建立了一个新属新种——叶氏香港龟。

我国自古近纪古新世以来，每个地质时期都有水生龟科和陆生龟科的代表，但更新世的材料甚少。重庆巫山的大庙龙骨坡巫山人遗址发现了距今200多万年前的早更新世早期的水生龟科和陆生龟科的化石。在四川资阳旧石器遗址则发现了距今数万年的全新世的一种与现生的中华鳖近似的鳖类化石。

甲骨文被认为是现代汉字的早期形式,是中国现存最古老的一种成熟文字。绝大部分甲骨文发现于殷墟,所用材料主要为龟的腹甲、背甲及牛的肩胛骨,"一片甲骨惊天下"。但与中原地区发现的甲骨不同的是,四川成都金沙遗址等发现的卜甲多为无文字的龟背甲。

巴蜀及周边地区是探索龟鳖类起源,特别是早期进化的重要地区。同时,从更新世至今的各时期考古遗址发现,龟鳖类也一直伴随着巴蜀地区人类文明的演进,从渔猎到农耕。

二、家族故事——不是所有龟都叫乌龟

截至2015年,全球现生的龟鳖类有330多种,我国有36种,约占世界种数的11%,占亚洲种数的37%;重庆曾记录有乌龟、平胸龟、潘氏闭壳龟及中华鳖这4种本地龟鳖类,种数约占国产种数的11%。

各种龟鳖类在民间都被统称为"乌龟",实际上在分类学中,乌龟只是拉丁名为 *Mauremys reevesii* 这一物种的中文名称。该物种系1831年研究者依据我国标本命名的物种。当时命名为 *Emys reevesii*;其后归属屡有变迁,命名百年之际史密斯以该种为模式种新建乌龟属 *Chinemys*;近年的研究却表明,乌龟属系拟水龟属 *Mauremys* 的同物异名,按此规则,该物种中文名称当改为"乌拟水龟",但我们依据习惯暂保留其名称为"乌龟"。

乌龟的种加词 *reevesii* 源自一个英国的博物学世家。19世纪早期,在中国生活的英国东印度公司茶叶检查员约翰·里维斯,雇佣几位广州画匠绘制了一批精美绝伦的动植物画,题材遍及各种陆地生物和海洋生物。这些画今藏于英国各大博物馆,有时也散见于拍卖市场。与这些画一起运回英国的,还有他在中国各地收集到的龟、蜥蜴等动物标本,其中就包括现藏于英国自然历史博物馆的2号乌龟模式标本。除乌龟外,蜡皮蜥、南滑蜥等物种也是以该家族姓氏命名的。

距今约500万年前的新生代第三纪中新世,现生种乌龟就已经出现,到了距今100万年前的第四纪更新世,特别是进入全新世以来,各考古遗址发现的基本上都是现生龟

鳖属种,如乌龟、中华花龟、黄缘闭壳龟及中华鳖等。在北京周口店曾经发掘到更新世的乌龟化石,三峡库区的湖北宜昌路家河、重庆忠县瓦渣地和万州麻柳沱等全新世遗址中,均发掘到不同世代的乌龟化石。

乌龟曾经广泛分布于我国华北及秦岭以南的广大地区,在亚洲的其他国家主要分布于日本、朝鲜和韩国(济州岛除外)。

截至2015年,在我国现有的33种龟鳖中,被列入《濒危野生动植物种国际贸易公约》附录Ⅰ的有11种,附录Ⅱ的有20种,附录Ⅲ的有2种,而且表现出不断增加列入物种和不断提高等级的态势。

三、重庆危机——本地龟貌似野外绝迹

龟鳖类的保护和濒危现状令人担忧。以重庆曾经最常见的乌龟为例,直辖以来的多次本底调查、监测调查,以及专项调查均未能发现其踪迹。要知道,在20世纪90年代初以前,全身像墨一样黑的雄性乌龟和像土一样黄的雌性乌龟,在整个四川盆地的江河、溪流、湖泊、水田、池塘等水体里都是很常见的物种。

1891年3月1日,重庆正式开埠。

1898年3月9日,英国轮船"利川号"溯长江而上抵达朝天门码头。从此,地处中国腹地的重庆开始不断地被西方人所了解。

1912年,英国人巴博尔首先报道在重庆采到1号中华鳖。

1927年,施密特依据万县(今重庆市万州区)盐井沟一雄性龟发表一新种"花龟",并记录"在忠州(今重庆市忠县)采到1号'鳖'"。

1932年,我国学者张孟闻在重庆购得4号乌龟并在合川大溪沟采得1号乌龟,在重庆还购得3号"黑龟"亚种,在重庆和合川各采得1号"花龟"亚种,这两个亚种实际上均为乌龟的同物异名。他还报道在重庆采得1号中华鳖,并在合川采得2号中华鳖。

1935年,波普将施密特盐井沟标本改定为乌龟,将施密特忠州标本改定为中华鳖,另外新报道重庆1号中华鳖。中华人民共和国成立前,重庆仅记录中华鳖和乌龟2种。

1976年,四川省生物研究所两栖爬行动物研究室报道四川东部(今重庆境内)可能有黄缘闭壳龟分布,有学者记录为黄缘盒龟。

1994年，陈自勉和李刚报道省级新记录1种，即在武隆采到的1号怀卵雌性平胸龟活体，随后该活体龟在室内产卵并人工孵化出幼体。次年，在涪陵长江边也报道采得1号平胸龟。

2005年以及2008年，学者们相继报道重庆城口有潘氏闭壳龟分布。

2012年，罗键等将原川东地区（今重庆）的"黄缘闭壳龟"或"黄缘盒龟"记录并修订为潘氏闭壳龟。至此，重庆已知本地龟鳖为4种。

1996年起，我们先后组织大中小学生、研究生、专家、两栖爬行动物爱好者，以及其他社会公众，调查重庆及周边地区的龟类分布现状，虽然参与的人有很多，但迄今未能在重庆辖境的野外发现一只本地龟，甚至连有迹象的有效线索都没有。

▶ 第六届重庆市梦想课堂·自然笔记大赛获奖作品《神龟虽寿 犹有竟时》
（作者：向宇婷　指导教师：罗键、高红英）

1990年5月，我们在四川资阳市雁江区的沱江畔采得1雄性幼体，饲养至今。1996—2007年，对资阳市所辖全部区县的两栖爬行动物调查中，未能发现1只本地龟。本地龟在重庆市已有近20年未见了，甚至馆藏的早年标本也不多。2014年7月，我们在重庆城口大巴山区考察期间，在当地一户农家看见两只饲养的野生乌龟，可惜后来得知它们采自湖北某地。

四、外来入侵——红耳龟、鳄龟反客为主

▶ 第一届重庆市梦想课堂·自然笔记大赛获奖作品《外来物种入侵校园》
(作者:刘进　指导教师:郑艺、刘杨)

2004年,罗键、高红英和周元媛首先报道,在重庆巴南和江津的野外发现外来物种红耳龟的个体。2012年,根据持续监测的结果,我们正式报道红耳龟为重庆市新增外来入侵物种,在野外见于巴南花溪河、江津东方红、渝中朝天门、江北北滨路、南岸南滨路等区域,也见于世界自然遗产重庆金佛山喀斯特地区和世界文化遗产大足石刻宝顶山等保护区,有些地区发现的已经不是个体而是群体。

在如今的重庆"龟界",不论是野外还是圈养,打主力的都是外来物种——红耳龟,它虽未被列入《中国外来入侵物种名单》,但其生态风险已被官方关注。看来,本地龟腾出来的空间已逐渐被入侵的红耳龟填补了。20世纪90年代初,该种作为宠物被引入国内,到了90年代末,它们甚至上了餐桌。从此,部分家庭丢弃的以及养龟场逃逸

的红耳龟开始进入野外。甚至在寺庙、公园等处的放生池中，红耳龟也正在取代本地龟的位置。

红耳龟俗称巴西龟，它们适应能力强、繁殖快、寿命长，现在市面上卖的龟类九成以上都是红耳龟。如果在超市卖、家里养、桌上吃倒还没什么关系，但如果在野外发现，这就算是外来入侵物种了，因为它们不在本地的生物链中，它们没有天敌。

近年来，重庆（特别是市区附近）野外发现的龟，除了2007年9月在渝北有1只放生或逃逸到野外的平胸龟（鹰嘴龟）记录外，还有一个让人忧心忡忡的情况，那就是在20世纪90年代末引入的另外两种更加凶猛的外来物种开始出现在重庆野外。

2008年10月，一位保安在渝中大坪某小区草丛边抓到1只大鳄龟；2009年4月，一位民警在渝中长滨路长江边抓到1只大鳄龟；2011年8月，涪陵的一个村民在长江边抓到1只蛇鳄龟（小鳄龟）；2013年10月，綦江的一个学生在綦河新虹桥岸边抓到1只蛇鳄龟；2014年7月，万州的一个村民在水塘边抓到1只蛇鳄龟；2014年8月，一个市民在北部新区某商场附近工地购得2只蛇鳄龟；2014年10月，渝北的一个市民在自家承包的池塘里钓起1只大鳄龟……

如果你养有这些原产于北美洲的红耳龟、蛇鳄龟和大鳄龟等，请千万不要随意丢弃到野外。饲养和放生生物一定要遵守法律和规范要求，主动申报，讲究科学方法。不规范的放生行为不但不是做善事，反而会给本地生物带来灾难性破坏。因此，大家应做到：第一，放生最好是在专家指导下，确认放生物种不是外来入侵物种，防止它们捕杀本地物种，破坏生态系统；第二，鉴定不是经人工杂交培育的物种，以防止与相近物种繁殖，带来不纯血统，污染基因库；第三，检测有没有携带致病细菌、病毒及寄生虫，以防传播给本地物种甚至传播给人。

"神龟虽寿，犹有竟时"。真心希望结束它们生命的，不是人类，而是自然，或者是它们自己"寿终正寝"。如果有一天，所有人看到野生龟鳖时想到的不是捕捉它们来补身体或据为己有，而是观察它们在江边、海边的石块上、沙滩上，舒坦地享受日光浴，安全地产卵，那才是真正地解除了它们的危机，实现了对龟鳖类的保护。

（罗键、高红英、张梦雨、廖宇涵、周琦东、杨鑫，

原载于《江河》2015年第2期第90—95页）

第3节

龙生九子不成龙

"龙生九子"的说法最早见于西汉时期记载奇闻轶事的《西京杂记》,"瓠子河决,有蛟龙从九子,自决中逆上入河,喷沫流波数十里。"九本言极多,并非实指,后世逐渐将"有蛟龙从九子"演绎为"龙生九子不成龙,各有所好",以及"一龙生九种,种种各别"等谚语,用来比喻同胞兄弟性格、品行、爱好等各异。作为龙的原型之一,现实生活中有一些名称与"龙子"相关的生物却已成为传统药材中的名品。李时珍在《本草纲目·鳞部》第四十三卷中就记载了"石龙子""守宫""蛤蚧""金蛇"等。

一、石龙子

中医经典著作《神农本草经》记载,石龙子"一名蜥蜴";《名医别录》称"一名山龙子,一名守宫,一名石蜴";《春秋繁露》又称石龙子为"泉龙";《本草纲目》别称"猪婆蛇"……

山西、湖北、河南等地区均分布有蓝尾石龙子,台湾地区沿用中国科学院院士、动物研究所研究员郑作新教授的提法,称为"丽纹石龙子"。南朝梁陶弘景所著《本草经集注》中有"次有小形而五色,尾青碧可爱,名断蜴"的记载。

蓝尾石龙子为我国特有物种,分布广泛。1989年,京都大学疋田努教授从美国自然历史博物馆馆藏的百余号福建崇安县(今武夷山市)蓝尾石龙子标本中检出与众不同的4号个体,命名为新种崇安石龙子;同年,他会同中国科学院成都生物研究所赵尔宓院士,从美国加州科学院及中国科学院成都生物研究所馆藏的蓝尾石龙子标本中检出另一新种刘氏石龙子(以纪念刘承钊院士)。还有一种常与蓝尾石龙子混淆的黄纹石龙子,也是中国特有物种。

中国石龙子在华东、华中、华南都有分布，近年相继在辽宁、河北、四川等地也有发现，北京有可疑记录，北部湾的涠洲岛及白龙尾岛也有记录。此外，我国还有3种石龙子：四线石龙子分布于广东、广西、海南以及港澳地区；大渡石龙子为川西特有；越南石龙子系2001年报道的国内新记录，不过仅发现于香港新界西贡半岛。

从鸭绿江口到北仑河口，在这条总长约1.8万千米的大陆岸线上，石龙子是最容易发现的蜥蜴类动物。鸭绿江口附近有朝鲜石龙子；辽东半岛有中国石龙子；胶东半岛、上海崇明岛、浙江舟山群岛、福建马祖列岛、福建平潭岛等地有中国石龙子及蓝尾石龙子；台湾岛有中国石龙子、蓝尾石龙子和白斑石龙子；钓鱼岛及其附属岛屿有钓鱼岛石龙子；澎湖列岛有蓝尾石龙子；广东南澳岛及其附属岛屿有蓝尾石龙子、中国石龙子和刘氏石龙子；珠江口内伶仃岛、香港及离岛有中国石龙子、四线石龙子及蓝尾石龙子；广西北仑河口、北部湾涠洲岛以及白龙尾岛有中国石龙子。

这体现了达尔文在《物种起源》中提出的经典范式，即生物的时空分布的规律性，因为我们观察到的那些近缘生物，不论它们是在连续时代中产生的变异，还是迁移到远地以后所产生的变异，都遵循同一谱系的演化法则，而且，在这两种情况下，变异规律都是一致的，这都是经过自然选择作用逐步积累起来的。长期的地理隔离导致生殖隔离，这些近缘种就这样呈线性排列分布开来。它们的模样勾勒着先祖的大致模样，它们的分布描绘着先祖的扩散范围。

二、守宫·蛤蚧

古时候，人们常见壁虎在宫墙上活动，故称其为"守宫"。李时珍在《本草纲目》中记载，"守宫，善捕蝎、蝇，故得虎名""守宫，处处人家墙壁有之。状如蛇医，而灰黑色，扁首长颈，细鳞四足，长者六、七寸，亦不闻噬人"。另记，"蛤蚧因声而名；仙蟾因形而名。岭南人呼蛙为蛤，又因其首如蛙、蟾也"。

▶ 第五届重庆市梦想课堂·自然笔记大赛获奖作品《旅行的壁虎 跳动的尾巴》
（作者：苟若画　指导教师：高红英、罗健）

壁虎（除黑疣大壁虎、大壁虎外）干制品入药，称"天龙"或"守宫"。黑疣大壁虎、大壁虎的干制品也是我国传统中药材，称为"蛤蚧"。这个名称来源于大壁虎的叫声，大壁虎能靠舌同口腔底部接触发出低沉的声音，从"格、格、格"的单音节到如同"蛤蚧——蛤蚧——"的双音节。将大壁虎的内脏除去，用竹片将体壁撑开，放在火上烘干，即可做药，如蛤蚧精、蛤蚧补肾丸、蛤蚧酒、蛤蚧三七酒等，还可与蟾蜍、银杏等配方制成"蛤青注射液"。

壁虎、黑疣大壁虎和大壁虎均属蜥蜴亚目壁虎科壁虎属，截至2017年，该属全世界已知有58种，我国分布有18种，其中红疣的大壁虎可能是引入物种。

1768年,劳伦蒂以大壁虎为模式种,建立壁虎属。18世纪壁虎属物种仅2种,19世纪又报道了9种,20世纪发现了21种。21世纪以来,随着调查研究的深入,未知物种相继发现,2004年至今以平均每年2种的速度发现了约40个新物种。

三、金蛇·蛇医

唐代刘恂在《岭表录异》中记载"南土有金蛇,亦名锡蛇,又名地鳝",《开宝本草》称金蛇"解生金毒",银蛇"解银药毒"。还有典籍称片蛇、金星地鳝、金星鳝、蛇蜥、无脚蜥等。《本草纲目》中提到"金、银、锡,以色与功命名也。金星地鳝,以形命名也。"

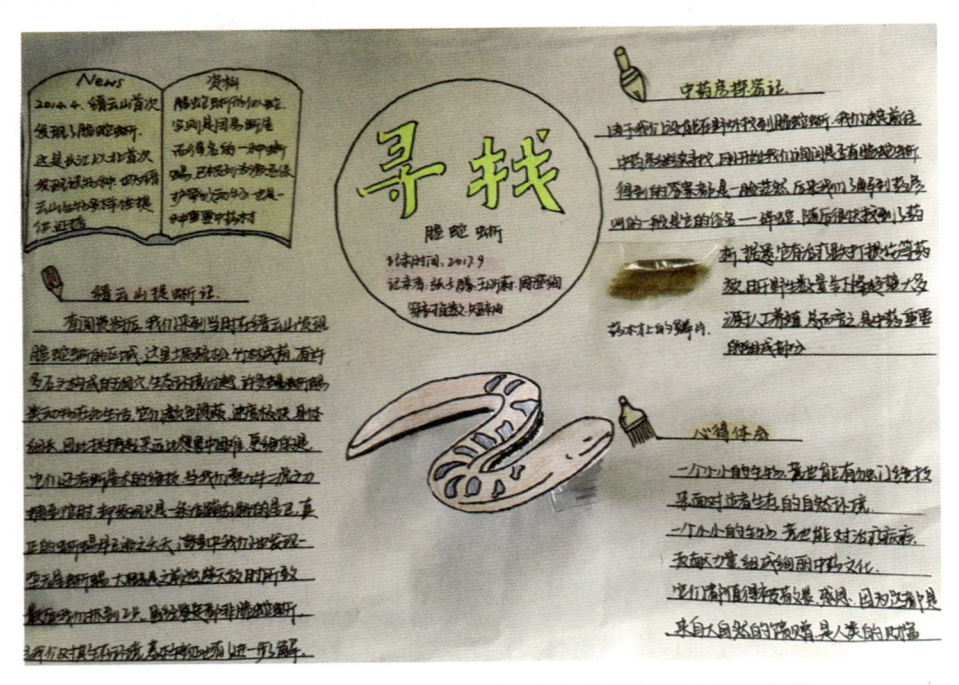

▶ 第四届重庆市梦想课堂·自然笔记大赛获奖作品《寻找脆蛇蜥》
(作者:张子腾、王昕蔚、周澄绚　指导教师:罗键)

此外,《本草纲目》还提及了不能入药的蜥蜴,"形大纯黄者为蛇医母,亦名蛇舅母,不入药用"。

所谓"蛇医",指蜥蜴科(郑作新称蛇舅母科或草龙子科)草蜥属(含原地蜥属)物种,截至2017年,该属已知24种,我国有15种,其中6种为21世纪以来发表的新种,分别为:2001年我国台湾学者周文豪与越南学者阮光长、法国学者保韦尔斯命名的汉氏草蜥,2008年我国台湾学者林思民和吕光洋从台湾草蜥(西部)中析出的翠斑草蜥(北部)和鹿野草蜥(东部)2个隐存种,2013年俄罗斯学者博布罗夫发表的马达草蜥,2017

年我国学者王英永、龚世平、刘鹏、王新发表的天井山草蜥,以及2019年我国学者王健、吕植桐、王英永命名的云开草蜥。

脆蛇蜥温顺无毒,是一种无四肢的蜥蜴,外观似蛇。外形上与蛇的显著差异在于腹部鳞片,不是宽短的鳞片,而是有多行与背鳞相似的鳞片。脆蛇蜥体表覆方形或菱形的鳞片,纵横排列成行。

截至2017年,已知的脆蛇蜥有7种,我国有哈氏脆蛇蜥、细脆蛇蜥、海南脆蛇蜥及卢氏脆蛇蜥4种,主要分布于长江以南,但我们近年在长江以北的重庆缙云山等地也发现了哈氏脆蛇蜥。

近年来,我们组织指导西南大学附属中学、重庆市黔江区白石初级中学等学校的学生,在重庆黔江、南川、江津、巴南、梁平、南岸、北碚等地发现了峨眉草蜥,并在南京师范大学实验室内建立了首个人工种群。

同时,以北京的中国人民大学附属中学和重庆的西南大学附属中学为代表的中学,深入持续地开展了"中医药文化进校园"活动。2017年8月起,重庆市北碚区将中医药文化进校园活动扩大到全区各中小学。这样,越来越多的青少年正从博物馆、图书馆、保护区、种养园、中药房等地方,从讲座、校本课程、盲盒明信片、主题自然笔记、研究性学习课题中学习传统中医药文化。

龙生九子不成龙,形态价值各不同。传说中的"龙子"进入我们的文化,现实中的"龙子"进入我们的生活。余秋雨先生说:"地球上人口最多的族群,就是靠中医佑护下来的。"龙的传人也能成为中医药文化的传承人。

(罗键、周也、蒋国威、余铭瑶、罗晰月、王言果、张子腾、王昕蔚、周澄绚、李九彬、张亮、蒋珂、龙杰、苏岩、罗渠高、高红英,原载于《江河》2017年第6期第98—101页)

第4节

盘桓于大江南北的蛇

什么是平鳞钝头蛇？什么是绞花林蛇？什么是灰腹绿锦蛇？什么是尖吻蝮……这些蛇及其他同类的特点是什么？今天，请随着我们的调查，一步步解答这些疑问。

▶ "长隆杯"第二届自然笔记大赛获奖作品《"豹纹虎斑麻花辫"》
（作者：蒲睿婕　指导教师：罗键、张兵娟）

一、平鳞钝头蛇、绞花林蛇、灰腹绿锦蛇，跨越长江南北的再度发现

平鳞钝头蛇是1920年安吉尔依据我国贵州3号标本命名的物种。次年，格兰杰在重庆万州乱石沟采得1条雌蛇，施密特鉴定它为"中国钝头蛇"，1935年，坡普将它修订为平鳞钝头蛇。21世纪初，杨道德等在重庆奉节天坑地缝拍到1号"路杀"致死个体。2012年7月至2015年7月，我们数次带领重庆市"蛇蛙记"研究会学员，分别在长江以南的秀山土家族苗族自治县太阳山自然保护区、重庆金佛山、重庆市万盛经开区九锅箐森林公园和长江以北的城口县大巴山自然保护区调查，各采得1号标本。近年，"渝南山青"研学旅行团队调查发现，中国钝头蛇和福建钝头蛇在重庆分别见于江津四面山和武隆仙女山，为重庆市物种新记录。

▶ "长隆杯"第二届自然笔记大赛获奖作品《"二维码"de启示》
（作者：杨益　指导教师：罗键、廖祥贵）

绞花林蛇是1902年史丹吉依据我国台湾基隆2号标本命名的物种。2001年5月，高红英和罗键报道在开县（现重庆市开州区）大巴山脉观面山区采到1条雌性绞花林蛇，为重庆市蛇类新记录。绞花林蛇和广西林蛇长期以来都被视为中国特有物种，但近年已在邻近的越南北部地区采到标本。绞花林蛇是该类蛇中唯一跨越长江分布的物种，广泛分布于甘肃白水江国家级自然保护区、湖北神农架国家级自然保护区、川西和川南山区，以及重庆的大巴山（2023年7月在巫溪阴条岭也采得标本）和缙云山中。

▶ "长隆杯"第二届自然笔记大赛、第六届重庆市梦想课堂·自然笔记大赛获奖作品《邂逅"绿黑眉"》
（作者：史罗慧婷　指导教师：罗健、高红英、李炎栖）

灰腹绿锦蛇是1853年瓦格纳依据印度阿萨姆卡西亚（今梅加拉亚邦卡西丘陵）的标本命名的物种，其后数易其名，直至1934年坡普将它改为隶属于锦蛇属，称灰腹绿锦蛇。近年来，国内外学者又恢复了沃格特1922年建立的以该物种为模式种的绿蛇属的有效性，该种遂改称"灰腹绿蛇"。1922年，沃格特依据韶关茶园山和龙头山3号标本发表的新属新种"梅尔绿蛇"，1925年，施密特依据福建省延平一雄蛇发表的"考德威尔栖树蛇"，以及1958年胡步青等依据浙江龙泉和天目山一雌二雄发表的"龙泉绿树蛇"，均为该种次定同物异名。该种在重庆发现于江津四面山、重庆金佛山、万盛黑山谷、綦江老瀛山等，2024年4月13日还见于长江以北的梁平百里竹海。

二、尖吻蝮、福建竹叶青蛇、舟山眼镜蛇，潜伏于长江以北的南方杀手

尖吻蝮是1888年冈瑟依据我国江西九江以北山区（庐山）的标本命名的物种。1978年，赵尔宓报道该物种在重庆市酉阳土家族苗族自治县兴隆镇有分布。2003年

罗键等报道在开县(现重庆市开州区)北部红园乡有零星分布,但未能在野外采到标本。2012年7月,重庆市"蛇蛙记"研究会相继在重庆市酉阳土家族苗族自治县兴隆镇和湖南省吉首市发现和采到标本。2014年10月,我们带领西南大学附属中学"雏鹰计划"三期学员在巫溪县长桂乡采到1号标本,这是在长江以北首次捕获活体。

尖吻蝮的俗称特别多,名号响当当,如五步蛇、百步蛇、棋盘蛇、蕲蛇、白花蛇等。该物种已知分布于浙江、安徽、福建、江西、湖北、湖南、广东、广西、重庆、贵州、云南和台湾地区,四川也曾有记录,国外见于越南北部和老挝。

福建竹叶青蛇是1925年施密特依据我国福建邵武标本命名的物种。它是此类蛇中分布最北的物种,国内主要分布于长江以南的江苏、浙江、安徽、福建、江西、湖北、湖南、广东、海南、广西、重庆、贵州、云南、台湾地区,也跨越长江分布于河南、四川、陕西部分地区,甚至分布至吉林长白山,国外也见于南亚和东南亚的北部。2014年8月,西南大学生命科学学院师生首次在长江以北的巫溪县阴条岭自然保护区采得1号标本。

从2004—2011年,狭义竹叶青蛇属被划分为8属,但当狭义竹叶青蛇属划分为8属的观点正逐渐被国内外学者和爱好者认识和接受时,一项新的系统学研究却指出,以上诸属不过是狭义竹叶青蛇属的诸亚属。所以,2011年后,狭义的竹叶青蛇属已知8亚属49种,我国已知9种(均不含隶属存疑的台湾烙铁头蛇)。

舟山眼镜蛇是1842年坎托依据我国浙江舟山标本命名的物种。该物种在国内分布于浙江、安徽、福建、江西、湖北、湖南、广东、海南、广西、重庆、贵州,以及港澳台地区,甘肃兰州及四川古蔺县有可疑记录,国外见于越南和老挝的北部。1991年,朱兆泉等报道该物种在长江以北的湖北神农架自然保护区有分布。1999年,重庆市中药研究院程地芸等报道该物种在重庆巫山有分布。2014年8月,我们在重庆中药博物馆察见1985年采于巫山县"大萝区"的1号标本(近年我们在重庆石柱土家族自治县也采得1号标本)。

三、福建华珊瑚蛇、环纹华珊瑚蛇、脆蛇蜥,大隐住朝市,小隐入丘樊

1899年鲍伦格在我国福建挂墩采到福建华珊瑚蛇1号标本,当时鉴定为丽纹蛇;1928年坡普依据1925年在我国福建省西北部崇安县(今武夷山市)、延平和福清采到的三雌一雄,以福建协和大学克立鹄先生的姓氏命名为新种,原定名为块纹蛇。1943

年史密斯将该物种改为隶属于丽纹蛇属,称福建丽纹蛇。2001年斯洛文斯基等基于形态比较和分子数据,将该物种改为隶属于新建的中华珊瑚蛇属,称福建华珊瑚蛇。该物种呈点状分布于3个国家的20余个地点,国内外标本仅50余号。

2012年暑期以来,我们在对重庆缙云山自然保护区两栖爬行动物多样性的专项调查中,相继找到产于缙云山的福建华珊瑚蛇成体标本多号。目前,该种在重庆的采集地点都在北碚的缙云山,这也是长江以北唯一的分布地点(重庆长江以南见于江津四面山和武隆仙女山)。

截至2015年,中华珊瑚蛇属已知10种,其中6种在我国有分布。2015年9月7日,巫溪县长桂乡坪义村卢胜国夫妇首次在重庆收集到环纹华珊瑚蛇(原记录为"中华珊瑚蛇")标本。中华珊瑚蛇是1844年莱因哈特依据印度阿萨姆标本命名的物种。1965年胡淑琴和赵尔宓报道的四川省新记录包括该物种。2010年,陈晓虹和王新卫报道在新县连康山自然保护区发现该物种,为河南省新记录。环纹华珊瑚蛇和福建华珊瑚蛇在国内主要分布于长江以南,但在长江以北的重庆巫溪、梁平、璧山和北碚也分别采到标本。

下面再讲讲脆蛇蜥。重庆缙云山自然保护区管理局职工王二志于2014年4月17日在缙云山保护站附近发现1条脆蛇蜥。这是首次在长江以北野外发现脆蛇蜥活体,刷新了缙云山属种新记录。脆蛇蜥在长江以北虽有过记载,但这是第一次发现野外活体,也就是说长江以北在历史上曾经生活过脆蛇蜥,但由于它们更适应长江以南的环境,所以在长江以北越来越少,很难被发现(2021年5月13日在缙云山再次发现该种)。

截至2015年,蛇蜥科蛇蜥属现在国内仅哈氏脆蛇蜥、细脆蛇蜥、海南脆蛇蜥及卢氏脆蛇蜥(见于四川,国内新记录)4种,主要分布于长江以南,原记录的台湾脆蛇蜥已被证实为脆蛇蜥次定同物异名。哈氏脆蛇蜥为缙云山属种新记录,这丰富了重庆缙云山国家级自然保护区的动物名录,也为当地生物多样性提供了强有力的依据。

四、缙云山、大巴山、大别山,停泊在长江以北的诺亚方舟

动物地理学是动物学与地理学的交叉学科,主要研究动物分布规律与自然条件的关系。动物地理学的研究早已明确,第四纪以来欧亚大陆发生过数次冰期,大量第三纪喜暖动物南迁或者灭绝。同时,一些适应于冰缘地带的喜寒物种在北方形成,动物

区系产生东洋界与古北界的南北分化。青藏高原的大幅度整体抬升,使古地理环境的变迁更为剧烈,分离出3个不同方向演变的自然地域,即东部季风区、西北干旱区(蒙新高原)、青藏高寒区(青藏高原),对动物区系的演化产生重要的影响,而且这一过程一直延续至今。

在东部季风区的整个更新世期间,虽然在冰期中我国气候遭受不同程度的恶化,但未造成毁灭性打击。环境变迁对动物影响的总趋势是喜暖动物的南撤,喜寒动物的北进。冰期与间冰期的波动则导致自然地带的摆动,东洋界与古北界动物产生混杂。我国中东部地区成为喜暖物种冰期中的避难地,缙云山、大巴山及大别山等山体成为南方物种在长江以北的"诺亚方舟"。

20年来,我们并驾着自然与人文的"方舟",一次次进行田野调查,一次次开展室内研究。希望从那一个个的自然保护地、一号号的馆藏标本、一组组的生态影像、一篇篇的参考文献、一条条的新闻线索中,去寻找自然传奇,去发现物种新记录,去讲述生命的故事。我们相信科学的力量,方舟并进,俯仰之间,乐享真理,我们一直在路上……

(罗键、高红英、李九彬、龙杰、林艳华、苏岩、汪大喜、罗渠高,

原载于《江河》2015年第5期第92—94页)

第三章

飞禽走兽篇

第1节

山清水秀鸭先知

"嘴尖有辫小怪鹜,黑头公子栗褐母。水中熊猫冠中华,两侧鳞纹秋沙族。"这是2012年,我们开始对綦河重庆江津段的中华秋沙鸭越冬种群进行调查时,编写的辨识歌。至今,这首歌还被参与监测的西南大学附属中学观鸟社成员和当地的群众所传唱。

中华秋沙鸭,是第三纪冰川孑遗物种,在地球上已生活了上千万年,是东亚特有的稀有鸟类,因模式标本产于中国而得名中华秋沙鸭,被鸟友们昵称为"国鸭"或"中秋"。中华秋沙鸭是国家一级保护动物,被《中国濒危动物红皮书》列为稀有种,《中国物种红色名录》列为易危种,《世界自然保护联盟濒危物种红色名录》列为濒危种,全球仅数千只。

目前,中华秋沙鸭在国内的繁殖区仅限于长白山和小兴安岭的局部地区,具体包括吉林长白、抚松、安图和黑龙江宁安、伊春等地。随着气候的变化,吉林集安及辽宁丹东,湖北随州,湖南桃源、沅陵和东洞庭湖自然保护区及相邻水域,广东惠东莲花山白盆珠省级自然保护区,以及綦河、笋溪河重庆江津段等地,也是中华秋沙鸭少有的越冬群体分布地。根据我们的走访,至少从20世纪70年代开始,綦河沿岸的居民就已经发现中华秋沙鸭在当地越冬,每年如此,从未间断。

一、它是生态系统、生物多样性和水质环境指示生物

中华秋沙鸭在分类上隶属于雁形目鸭科秋沙鸭属。1864年,英国鸟类学家约翰·古尔德在中国获得了一个雄性幼鸭标本,因其身体两侧的花纹呈鱼鳞状,命名为鳞胁秋沙鸭,又因它首先是在中国被发现的,又被称为中华秋沙鸭。

1912年,英国博物学家"中国的威尔逊"首次报道在四川盆地西缘及长江三峡库

区有中华秋沙鸭分布,标本采于四川雅州(今雅安)、嘉定(今乐山)、洪雅县及湖北宜昌。此后近一个世纪,人们再未在四川盆地及三峡库区发现过该物种,国内外就此的记载均源于1912年"中国的威尔逊"的报道。

21世纪初,我国鸟类学家何芬奇指出,虽然四川盆地已许久未见有中华秋沙鸭的踪迹,但丁长青等人曾在陕西洋县和佛坪见到其踪迹,推测该物种极有可能在四川盆地仍有越冬分布地。

▶ 第七届重庆市梦想课堂·自然笔记大赛获奖作品《中华秋沙鸭》

(作者:胡夏维　指导教师:罗键、杨钰宁)

中华秋沙鸭是生态系统、生物多样性和水质环境指示生物的焦点物种。为更好地保护中华秋沙鸭,让更多的人参与保护它们赖以生存的环境,进而保护更多鸟类和珍稀动物,西南大学附属中学观鸟社同重庆自然博物馆及西南大学附属小学通过《少年科学》《少年先锋报》等报刊发表文章,同时在《西南师范大学学报(自然科学版)》等学术期刊上发表研究成果。另外,通过重庆电视台制作播放保护中华秋沙鸭的专题科教节目,通过网络发布自制的电子书《中华秋沙鸭的认识与保护》,在科技创新、自然笔记和环球自然日等活动中,通过论文、展板、表演等形式传递保护中华秋沙鸭的观念,并向綦河沿岸居民发放自拟的《关于保护中华秋沙鸭及生存环境的倡议书》。此外,还在当地张贴宣传海报,传唱辨识歌曲等。通过全方位、立体化地向专家学者、普通市民、青少年群体和网络用户发出倡议,让更多的人认识、爱护和保护中华秋沙鸭。

保护鸟类就是保护生态环境，重庆生态环境越来越好，鸟类数量也会越来越多。2015年3月，重庆观鸟会发布的《重庆鸟类名录2.0》共收录鸟类448种，约占全国鸟类种数的31%，这是在2014年《重庆鸟类名录1.0》的基础上新增加了17种鸟类。

二、它的迁徙是为生存而战

法国著名纪录片导演雅克·贝汉在他拍摄的自然纪录片《迁徙的鸟》中曾提到："候鸟的故事是一个关于承诺的故事，一个对归来的承诺，它们的旅程千里迢迢，历经了危机重重，只为一个目的——生存！"候鸟的迁徙，就是为生存而战。

全球有东亚—澳大利亚、中亚、西亚—东非、大西洋（美洲）、黑海—地中海、东大西洋、密西西比（美洲）、西太平洋、太平洋（美洲）等9条候鸟迁徙路线。我国境内的候鸟迁徙路线是前3条国际迁徙路线中的关键通道。

每年的3月末4月初，中华秋沙鸭从越冬地飞回繁殖地，在这里度过长达半年多的繁殖期，并于当年的10—11月间南迁到越冬地。迁徙时，它们多沿大江大河、大山系和海岸线飞行、停歇、补给或越冬。

越冬时，它们多为小群或零星个体，零散分布在我国中部和南部广大地区的生态环境较好的次级支流及水库。

为保障每年春、秋、冬季候鸟的顺利迁徙，防止乱捕滥猎候鸟现象的出现，各级林业部门积极组织力量对它们进行保护，并加强对鸟类等野生动物主要分布区、越冬地、繁殖地、迁徙停歇地和通道，以及集群活动区的巡护值守。

20多年前，俄罗斯科学院动物研究所专家戴安娜开始为中华秋沙鸭做环志。2008年9月黑龙江碧水中华秋沙鸭繁育基地放飞的中华秋沙鸭，则用的是全国鸟类环志中心的统一标识环志，旨在监测其迁徙路线、越冬地、迁徙停歇地，以及研究其寿命等。

但不论中外，2012年前，每年都只能在繁殖地找到有环志的中华秋沙鸭，而未在越冬地发现带有环志的该物种。直至2012年12月24日，在湖南桃源沅水国家湿地公园见到的26只中华秋沙鸭中，发现了1只带有黄色脚环，编号为A2。这只鸟是当年5月22日在俄罗斯做的环志。早在2008年3月，湖南桃源县就已经发现了中华秋沙鸭越冬种群，只是一直不清楚这些鸟来自俄罗斯。

2010年8月和2011年6月,中国林业科学研究院在黑龙江带岭分别为两只中华秋沙鸭佩戴了卫星发射器。根据卫星跟踪提供的信息,研究者于2014年1月在湖南沅陵五强溪国家湿地公园发现了越冬种群。经持续监测表明,该种群的活动地点非常稳定,并于3月下旬至4月上旬陆续离开越冬地。

2011年7月,黑龙江碧水中华秋沙鸭繁育基地又给两只个体佩戴了卫星发射器。它们于10月底11月初离开繁殖地,11月中旬分别到达朝鲜咸镜南道龙兴江入海口和我国湖北随州。11月下旬,有观鸟爱好者在随州白云湖区域持续观察到中华秋沙鸭种群,这与卫星跟踪的结果一致。

俄罗斯楚科奇的鸟类学者对做了标记的中华秋沙鸭的迁徙研究表明,部分个体在湖北与江西之间的一些地方越冬,有1只飞到陕西南部越冬,还有1只到达福建中部。春迁时,大部分个体是从山东南部飞经福建后返回繁殖地,湖北返回的有些个体要在河北南部稍作停留,陕西返回的要在山西停歇。它们返回的速度非常快,基本都是跳跃式的,经过中国迁徙停歇地,然后直接飞过大海,在韩国稍作停歇后回到俄罗斯的繁殖地。

我国学者利用卫星跟踪定位系统对中华秋沙鸭的迁徙路线进行监测,结合俄罗斯学者使用彩色标记和光感地理定位的研究表明,湖南沅江及其支流是我国小兴安岭和俄罗斯滨海边疆区两大繁殖种群的重要越冬地,可能承载着大量越冬种群,急需开展系统的调查和相应的保护工作。

当前,中华秋沙鸭种群面临着重重危机,主要是以下五个方面:一是种群繁殖成功率较低,主要原因是原始森林面积下降,天然繁殖巢减少。二是越冬地面积急剧减少,栖息地质量下降。河流水电的梯级开发使河道生态特征消失是主要原因,再加上河道采砂等人为干扰。三是非法猎捕、毒杀。无论是在繁殖地、越冬地还是迁徙路线上,偷猎误捕情况仍时有发生。四是水生生物群落结构的变化。以四大家鱼(青草鲢鳙)为代表的大型淡水经济鱼类成为水体内的优势物种,而中华秋沙鸭喜食的石蛾幼虫、东北黑鳌虾、杜父鱼、红点鲑、黄颡鱼、泥鳅等减少,导致它们捕食困难。五是天敌(蛇)的捕食压力一直很大。

以綦河重庆江津段为例,这是目前确认的中华秋沙鸭最西端的越冬地,区域内有多个区县级和乡镇级饮用水水源一级保护区,但我们在调查中也发现,中华秋沙鸭栖息河段的河道、沙洲、河滩随意改造和修葺现象也较为突出。

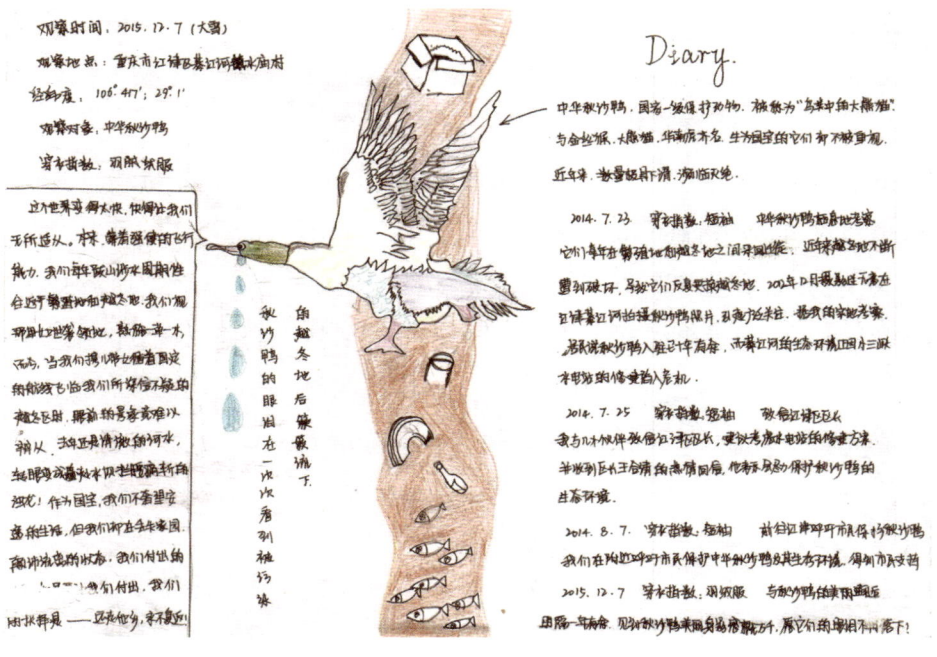

▶ 第三届重庆市梦想课堂·自然笔记大赛获奖作品《越冬的中华秋沙鸭》
（作者：张子腾　指导教师：张金燕）

我们发现主要存在以下几个问题：一是河岸抽沙采石，直接破坏了河道河床的自然环境，影响原生物种生存；二是建筑垃圾、生活垃圾，以及工农业废水污染，改变了土质和水质；三是濒河人工养鱼，投入大量的饲料，改变了水质，导致水体富营养化；四是河滩开荒种菜，缩小芦苇丛的同时恶化了沿河植被，导致水土流失；五是河段内个别渔民电鱼、市民在禁渔期垂钓等违法行为，影响了鱼类繁殖。此外，该流域还发现了空心莲子草、红花酢浆草、凤眼莲、福寿螺等外来入侵生物，以及本地恶性杂草葎草、寄生植物菟丝子等也威胁着其他物种的正常繁衍，形成了生态安全隐患。

三、用废旧电瓶外壳改造的鸭巢

大多数野鸭的巢址都选择在湖泊、河流岸边的草丛中，但中华秋沙鸭却出人意料地选中天然树洞营巢。全世界有7种秋沙鸭，我国有4种，分别是斑头秋沙鸭、普通秋沙鸭、红胸秋沙鸭和中华秋沙鸭。其中除红胸秋沙鸭不在树洞中营巢外，另外3种均在树洞中"安家"。巧合的是，与中华秋沙鸭在繁殖地和越冬地普遍伴生的鸳鸯，它们也是营巢于紧靠水边的老龄树洞中。

每年，有两千余对中华秋沙鸭进行繁殖，而在我国境内繁殖的只占一两成。一个多世纪来,中华秋沙鸭在国内外的繁殖种群一直处于稳定下降的状态。由于它们一直沿袭着利用老龄树洞筑巢的习惯,当原始森林消失的时候,中华秋沙鸭也会随之消失。

现在,中华秋沙鸭繁殖所必需的原始森林被砍伐得所剩无几,不合理的旅游开发、水电建设和农药使用等还在加剧破坏它们的生存环境。如果我们再不采取有效措施,这种在地球上已经繁衍了上千万年的美丽生物,可能会在半个世纪内消失。

2014年10月,通过全球候鸟保护平台——东亚—澳大利西亚迁飞区伙伴关系协定协调员迪亚娜·索洛维瓦的努力,10个由通用汽车公司利用废旧电瓶外壳改造的人工巢箱被捐赠给世界自然基金会的中华秋沙鸭项目。2015年2月,世界自然基金会候鸟项目经理刘培琦和同事将10个人工巢箱安装在吉林长白山国家级自然保护区。3个月后,在第6号巢箱中诞生了11只鸭宝宝。

约翰·布拉德伯恩是通用汽车公司负责人工巢箱项目的工作人员,他将通用汽车公司的废旧电瓶外壳改造成巢箱。在北美洲的试验中,中华秋沙鸭的远亲——镜冠秋沙鸭成功地使用了这种巢箱。至今,约翰和他的同事已经建造了750多个人工巢箱,除安装在我国长白山的这10个外,大多数巢箱都安装在北美洲的水禽栖息地。

四、追寻中华秋沙鸭的脚步从未停止

2015年3月28日,中国观鸟组织联合行动平台(朱雀会)与北京市企业家环保基金会(SEE基金会)联合在北京举行报告会,并发行了《中国鸟类观察——中华秋沙鸭调查专辑》,展示去冬今春由40多个观鸟组织联合进行的中华秋沙鸭越冬种群调查成果。他们在湖南、安徽、重庆等14个省(自治区、直辖市)的29个区县65个调查点记录到441只中华秋沙鸭,在湖北、河南、安徽3省新发现多个集中越冬地。

中华秋沙鸭作为淡水生态系统中的旗舰物种,它们以清澈河流、湖泊、水库为栖息地,是这一类湿地质量的重要指示生物。长期以来,人们对它们越冬地的了解十分有限。由SEE基金会资助、朱雀会牵头组织的2014年全国中华秋沙鸭越冬同步调查于2014年11月22日在西安正式启动。同月,朱雀会在腾讯乐捐平台发起"寻找水中大熊猫"的众筹活动。

从2014年12月至2015年2月,调查人员在19个省(自治区、直辖市)的200多个调查点开展了越冬种群调查,覆盖了中国东北以南、青藏高原以东绝大部分有中华秋沙鸭越冬的省份。调查发现数量超过10只的地点有：河南的卢氏、嵩县、商城、新县，安徽的金寨，湖北的京山、十堰，重庆的江津，广西的百色，福建的大樟溪，浙江的松阳，湖南的五强溪、壶瓶山和沅水。

在这次调查中，全国共有45家观鸟组织，累计350余人次的观鸟爱好者、专业研究人员作为志愿者奔赴调查一线，涉及长江、黄河、淮河、珠江、海河、辽河、澜沧江等水系，很多调查组深入到江河上游的支流甚至源头，以及山区溪流、中小型水库。此次调查也积累了大量中华秋沙鸭越冬地面临的诸多干扰、破坏、威胁的图片和访谈记录等一手资料。北京林业大学、中国鸟类学会、中国野生动物保护协会、世界自然基金会、中国科学院动物研究所、北京大学等机构的专家对此次调查给予了肯定与积极评价，建议至少连续3年开展调查，扩大范围，做到更深入细致。

2015年11月21日，2015—2016年全国中华秋沙鸭越冬同步调查在南昌启动。江西省最近一次中华秋沙鸭调查是在2009年2月，共发现了255只，江西省应该是中华秋沙鸭越冬数量最多的地方。这次江西参与2015—2016年全国中华秋沙鸭调查，将扩大中华秋沙鸭的调查范围和种群数量。

每个冬季，因为中华秋沙鸭的到来而值得期待。

（罗键、彭丽宇、洪兆春、黄仕友、李九彬、郑艺、何玉芬、李忠芝，原载于《江河》2015年第6期第88—92页）

第2节

丁酉年的凤凰传说

2017年是农历的鸡年,那么什么时候才真正进入鸡年呢?是农历的大年初一吗?在民间有一种说法是,要到二十四节气中的立春,才真正从猴年走到了鸡年。为什么要到立春才是鸡年的真正来临?鸡与凤凰是什么关系?凤凰为什么会成为华夏文明的图腾之一?我国古代文官官服的补子上有鸡吗?下面我们就来解答这些问题。

一、凤鸣朝阳:凤凰的起源与演化

作为传说中的百鸟之王,凤凰与龙同为华夏文明的图腾,在我国至少有3处文化遗址中的文物遗存被研究者指向为史前文明中的凤凰雏形。一是在内蒙古赤峰市翁牛特旗发现的凤造型陶器,这件距今约6800年的赵宝沟文化遗址的陶凤杯。二是在浙江宁波余姚市发现的蝶形牙雕及有柄骨匕,这两件距今约7000年的河姆渡文化遗址文物上的"双凤朝阳"雕刻图案,已成为河姆渡人以鸟为图腾的重要证据,也成为河姆渡遗址的标志。三是在湖南怀化洪江市发现的一件高直领白陶罐,这件距今超过7400年的高庙文化的陶器,它上面绘制的鸟类纹样被视为目前发现的凤凰最早的雏形。所以,新石器时代的古人以鸟为代表的图腾崇拜显而易见。

商周时期,凤凰已被看作是一种神鸟,凤纹在玉器和青铜器等礼器上都有大量的刻画。而且,随着时间的推移,凤凰和龙的形象一样,越来越写意。

《山海经》记载:"有鸟焉,其状如鸡,五采而文,名曰凤皇。首文曰德,翼文曰义,背文曰礼,膺文曰仁,腹文曰信。""有五采鸟三名:一曰皇鸟,一曰鸾鸟,一曰凤鸟。"《庄子·秋水》中对凤的描述写道:"发于南海,而飞于北海,非梧桐不止,非练实不食,非醴泉不饮。"相传,凤是禽中之王,它的出现是祥瑞之兆。

秦汉以后,凤凰逐渐被神化,由鸡形目鸟类演变成多种动物的复合体。东汉许慎在《说文解字》中记载,凤乃"神鸟也……出于东方君子之国,翱翔四海之外,过昆仑,饮砥柱,濯羽弱水,莫宿风穴。见则天下大安宁"。其五彩兼备也演绎为五色分列,如北宋《太平御览》写道:"有大鸟高五尺,鸡首燕颔蛇颈鱼尾,五色备具而多青。栖缮槐树,旬时不去。弘农太守以闻。诏问百僚,咸以为凤。"太史令蔡衡对曰:"凡象凤者有五:多赤者凤,多黄者鹓雏,多青者鸾,紫者鸑鷟,白者鸪鹳。"不过,该书还说"黄帝之时,以凤为鸡",表明了凤凰的原始形象来源。

从形态上来看,凤凰是一种色彩鲜艳、体形硕大、尾羽很长的雉类。它也与鸡形目大多数鸟类一样,具有雌雄二型,区别指征为冠,雄者有冠称凤,雌者无冠称凰。但随着历史的发展,为配合龙凤呈祥的意象,凤也被逐步雌化。到明清时期,凤凰不仅装饰后宫佳丽,也"飞"入寻常百姓家,在民间婚礼中,新娘的彩冠也称"凤冠"。

二、雉之朝雏:雉鸡的资源与地位

"凤鸣岐山,声闻九天。"岐山位于今陕西省宝鸡市东北。北魏郦道元《水经注·渭水》记载:"县陈仓山,山有陈宝鸡鸣祠。"相传"陈宝"为"鸡鸣神",分雌雄,"得雄者王,得雌者霸"。司马迁《史记》中记载,"及文公逾陇,攘夷狄,尊陈宝,营岐雍之间"。唐至德二年(757年,丁酉年),正在凤翔指挥平定安史之乱的唐肃宗取宝鸡鸣瑞之意,将陈仓更名为宝鸡。宝鸡一带盛产的红腹锦鸡,被很多学者视为凤凰的原型。

明清两代的官服补子,文官飞禽,武官猛兽;明代双禽,清代单禽。《明史·舆服志三》记载:"文官一品仙鹤,二品锦鸡,三品孔雀,四品云雁,五品白鹇,六品鹭鸶,七品鸂鶒(xī chì),八品黄鹂,九品鹌鹑,杂职练鹊。"清代继续沿用明代的补子,前七品图案内容大体一致,但八品为鹌鹑,九品为练鹊。

我国是世界上鸡形目资源最丰富的国家之一,20世纪中后期记录有2科26属63种,列为国家一级和二级重点保护野生动物(1989)各19种;列入《中国濒危动物红皮书》(1998)44种,其中濒危9种、易危11种、稀有17种、未定7种。

截至2017年的研究资料显示,我国目前鸡形目只分布有1科(松鸡科并入雉科），但有65种（加上了外籍学者在藏南墨脱县南部，雅鲁藏布江下游地区发现的2种国内新记录：沼泽鹩鹛和丛林鹑）。此外，藏南地区可能还有黑鹧鸪、阿萨姆林鹑、黑胸鹌鹑和蓝孔雀4种雉科动物分布，尚待进一步核实。鸡形目是一个起源古老的类群，最早的雉鸡化石发现于距今3000万年前的始新世地层中，长江三峡库区曾发现过距今百万年前的几种雉鸡。

锦鸡有红腹锦鸡和白腹锦鸡两种，根据分子生物学证据推断，两种锦鸡的分化时间至少距今170万年。在自然条件下，红腹锦鸡和白腹锦鸡之间有较完善的生殖隔离，但偶有杂交现象。最近，中国科学家从宋徽宗赵佶的御题画《芙蓉锦鸡图》中找到了900年前锦鸡杂交的最早记录，画中的锦鸡是红腹锦鸡和白腹锦鸡杂交产生的物种，与"凤凰锦鸡"特征相似，证实了画中的锦鸡是只杂交个体。

▶《芙蓉锦鸡图》与杂交个体"凤凰锦鸡"

(制图：罗键)

三、鸡鸣桑梓：家禽的起源与保育

据计算，2017年立春是公历2月3日，即农历丁酉年正月初七。在民间传说中，从初一到初七，每天都有讲究，女娲先用六天造出了鸡、狗、猪、羊、牛、马，在第七天才造出了人，因此，这七天分别被称为鸡日、狗日、猪日、羊日、牛日、马日、人日。"六畜"排完了，才轮到"人过年"，所以，到了初七才是新的一年。不过，这种说法并没有得到广泛认可。

古代的"干支纪元法"主要用于纪日，但也用来纪月、纪年、纪时等。目前，完整记录十二生肖且与今相同的是东汉王充的《论衡》。其实，我国不少少数民族也有自己的生肖，与汉族大同小异，区别主要在个别动物的选择和序列上。四大文明古国都有自己的十二生肖，选择各不相同，但纵观各国各民族的生肖，绝大多数都将鸡作为生肖，而三大家禽的另外两种鸭和鹅，却没能入选。

2016年公布的重庆市"十二五"期间十大考古发现之一的巫山县蓝家寨遗址，地处长江三峡中最大支流大宁河中游的一级阶地。2010年三峡水库蓄水至175米后，该遗址淹没于水下。2012年，水位降至145米时，考古专家对暴露出来的遗址进行抢救性发掘，发现了一批春秋时期的动物骨骼，其中包括家鸡、家狗、家猪、山羊、黄牛和家马。这是三峡地区迄今发现的唯一一处"六畜"兼备的先秦文化遗址。

家鸡有悠久的驯化史，但直到今天，家鸡的起源依然争议不断。一些学者认为，家鸡可能起源于包括南亚、东南亚，以及中国南部在内的广大区域，家鸡和红原鸡之间可持续杂交，涉及多次驯化事件；另一些学者认为，中国北方地区也曾存在早期家鸡驯化事件，认为家鸡是多地区、多物种起源的物种，中国北方地区是除南亚、东南亚地区外另一个家鸡起源地。

在我国，动物园基本上都会饲养孔雀，这些孔雀基本上是清一色的蓝孔雀，夹杂着少数白孔雀（蓝孔雀变种），这是从印度引入的孔雀。我国本土产的绿孔雀，主要分布于云南西双版纳一带，但是，由于过度捕捉，绿孔雀在野外已经很少了。而且人工饲养的个体由于和蓝孔雀混养，造成杂交现象频繁发生，纯正的绿孔雀已经寥寥无几，处境堪忧。

人类与家养动物是一种共生关系，家养动物史实质上是人类文化史的重要组成部分，我国家养动物的驯化和引进深刻融入了中国文化，而雉鸡类在其中扮演着不可或缺的角色。

1881年,英国外交官和历史学家爱德华·哈珀·帕克,从巴县(今重庆巴南区)木洞经南川翻越重庆金佛山到贵州界时看到:"今天是德隆场赶场的日子,在众多货物中我注意到鸡是被装在箩筐里带到场上来的。有一个人用扁担挑了40只鸡,因为如果把它们背在背上的话,它们一定不会老实待着。"

　　虽然,家鸡不太会飞,但它们现在却遍布全球。雉鸡的演化和扩散与气候环境密切相关,而家鸡的驯养和传播则与人类活动密切相关。

(罗键、曾曦露、黄宇凌、彭诗芮、杨森、郑艺、高红英,原载于《江河》2017年第1期第82—85页)

第3节

丙申年从猴谈起

"马上封侯"是我国传统吉祥寓意的纹样，由马与猴组合而成，猴骑于马上，"马上"为立刻之意，"猴"与"侯"同音双关，这一组合寓意功名指日可待。

《西游记》中孙悟空被玉帝封为弼马温的故事就可以说是"马上封侯"。"弼马温"相当于明清时期管理车马的最高长官"太仆寺卿"，从三品，并非不入流，虽然离"侯"有些差距，但至少也算是个不小的官。只可惜，孙悟空"心猿意马"以至于大闹天宫，被压到了五行山下，后来才有了《西游记》中陪唐僧西天取经的故事。有道是，"官封弼马心何足，名注齐天意未宁"。

一、猴是非人灵长类

《西游记》的第五十七回《真行者落伽山诉苦，假猴王水帘洞誊文》和第五十八回《二心搅乱大乾坤，一体难修真寂灭》中出现了"六耳猕猴"这一角色。可见，原著对真假猴王的原型定位就是猕猴，换言之，它们都不是人类，而是非人灵长类。

非人灵长类是与人类亲缘关系最近的类群，截至2023年，全球记录有16科79属520余种，主要分布于亚洲、非洲和南美洲。截至2015年12月，我国已发现3科8属27种（不含引入种）。除近年新发表的藏南猕猴（也称达旺猕猴）和白颊猕猴2个新种外，其余25种均被列入《国家重点保护野生动物名录》；在这25种中有22种为国家一级重点保护野生动物，而猕猴、短尾猴、藏酋猴等3种为国家二级重点保护野生动物。

20世纪中晚期，我们已发现猴科有4属19种。猴亚科猕猴属是其中最常见的类群，包括猕猴（也称恒河猴）、短尾猴（也称红面猴）、藏酋猴（曾称四川短尾猴）、藏南猕猴（也称达旺猴、达旺猕猴），以及白颊猕猴等。

▶ 首届全国自然笔记大赛、第三届重庆市梦想课堂·自然笔记大赛获奖作品《自然笔记——与"三峡"邂逅》

(作者:刘思遥 指导教师:谭鹃)

截至2023年,猴科疣猴亚科包含10余属60多种,其中仰鼻猴属(俗称金丝猴)有5种,包括我国特有的川金丝猴、滇金丝猴、黔金丝猴,加上仅分布于越南北部的越南金丝猴,以及近年才在中缅边境地区发现的缅甸金丝猴。

二、猿鸣三声泪沾裳

300年前,三峡地区仍有长臂猿的分布;40年前,北白颊长臂猿和白掌长臂猿在云南也有自然分布;20年前,我们做"拯救长臂猿"专项时,东黑冠长臂猿在国内尚未重新发现,海南长臂猿也还未独立成种,那时的长臂猿只有1个属,也没有那么多的"东西南北"种。如今,云南的西黑冠长臂猿和东白眉长臂猿啼声依旧,而北白颊长臂猿和白掌长臂猿却已不见踪影。

"朝辞白帝彩云间,千里江陵一日还。两岸猿声啼不住,轻舟已过万重山。"这是李白在经过长江三峡时所作的《早发白帝城》。关于诗中所描述的"猿"是长臂猿还是猴子,曾在学术界引起争论。

1984年夏以来,由中国科学院古脊椎动物与古人类研究所的黄万波和重庆自然博物馆的方其仁领队的科学考察队,在重庆巫山有一系列举世瞩目的重大发现。1985年10月13日,在重庆巫山庙宇镇龙坪村龙骨坡,发掘出距今200多万年的一段巫山人左侧下颌骨化石;同时期发掘的还有布氏巨猿、似维氏原黄狒、猕猴、疣猴等灵长类牙齿化石。1987年,在重庆巫山庙宇镇太平村大脚洞,发现了距今200多年的一段长臂猿右侧下颌骨(是骨骼不是化石),推测李白诗中所提到的"猿"有可能是长臂猿。这也说明,直至200多年前,长江三峡的自然环境还十分优越,到处是茂密的森林,两岸生活着大量的长臂猿。

今天,这曾令"诗仙"诗兴大发的动人猿啼已从长江三峡消失,也从我国南方的大部分地区销声匿迹了。

20世纪中叶,随着许多亚洲国家的独立,人们为达到发展农业及木材生产的目的而砍伐了大片森林,导致长臂猿数量急剧下降。而且,人口的不断增加也加剧了对森林的破坏,农业发展严重压缩了长臂猿的生境。

到了20世纪70年代到90年代,长臂猿生境的丧失和破坏仍在继续。长臂猿栖息地的缩小、变化、破坏或消失是导致它们濒危的根本原因;偷猎和误杀是长臂猿致危的次要因素,长臂猿高昂的啼叫声成了致命的信号,常常使它们暴露在猎人的枪口下;还有因种群分布不连续,它们大多被隔离成岛状分布,群与群之间相隔较远导致近交衰退;另外,种群小、世代周期长、繁殖率低以及成熟个体找不到配偶而丧失繁殖机会等,也是长臂猿濒临灭绝的因素。

从生态学的角度看,长臂猿个体大、出生率低、生长慢、成熟晚、寿命长,具有较完善的保护后代机制,但当长臂猿种群长期处于不利条件,或在人类过度捕猎,栖息地被严重破坏的情况下,其种群数量和种群密度就会出现持久性下降。过低的种群数量将会导致近亲繁殖,使种群的生育力和生活力衰退。当种群数量降低到很少的数量以后,即使我们采取有力措施,也不能使它们恢复到正常种群数量。

所以，如果我们现在再不进行切实有效的保护，也许有一天，我们的子孙后代就只能从图片上、从博物馆里、从诗词书画中去体味那动人的猿啼。"巴东三峡巫峡长，猿鸣三声泪沾裳"，当这震动山谷、催人泪下的啼声只能从音频中听到时，就是人类再次站在被告席，面对地球母亲的审判，为孤独忏悔和悲哀的时候。

三、建立新种保育机制

2015年，为贯彻落实《中国生物多样性保护战略与行动计划（2011—2030年）》，加强生物多样性保护，环境保护部和中国科学院联合在"5·22国际生物多样性日"纪念大会上，正式发布了《中国生物多样性红色名录——脊椎动物卷》，评估等级包括灭绝、野外灭绝、区域灭绝、极危、濒危、易危、近危、无危和数据缺乏等9种。在灵长类中，倭蜂猴、豚尾猴、白颊猕猴、长尾叶猴、白头叶猴、戴帽叶猴、黔金丝猴、缅甸金丝猴、白掌长臂猿、东白眉长臂猿、西黑冠长臂猿、东黑冠长臂猿、海南长臂猿、北白颊长臂猿等14种被列为极危种；蜂猴、台湾猴、达旺猕猴、印支灰叶猴、黑叶猴、滇金丝猴等6种被列为濒危种；短尾猴、熊猴、藏酋猴、菲氏叶猴、川金丝猴等5种被列为易危种；猕猴则被列为无危种。

2015年底，十二届全国人大常委会第十八次会议对野生动物保护法修订草案进行了审议，这是该法自1989年实施26年来的首次大规模修订。修订草案将现行法律由42条增加到60条，禁止网络平台违法销售野生动物，并规定国家重点保护的野生动物名录每5年评估一次。草案围绕当前野生动物保护面临的突出问题进行了许多修改。

新物种的发现是令人振奋的，但很多新物种现在才被发现（不针对某些隐存种），这也意味着它们的分布范围已经十分狭窄，数量已经十分稀少。对此，我们建议从国家层面立法实施新种（新亚种）保育制度，并与国家重点保护野生动物名录和物种红色名录评估制度结合起来，对初步评估受威胁级别为濒危种或易危种采取相应保护措施。

对受威胁新物种（新亚种）及其模式产地实施3~5年的严格保育，参照国家重点保护对象及国家级自然保护区进行管理，由地方农（渔、林）业部门和环保部门联合执法。经申报后，筛选3~5个团队就该新物种（新亚种）开展研究，每个团队的标本采集量限制在3~5对标本（活体）。同时，当地政府鼓励本地3~5个场所开展新物种(新亚种)的驯化和人工繁育研究,对卓有成效的集体或个人给予精神奖励和物质奖励。在对该新物种(新亚种)后续的研究中,则更多采用人工繁育的个体作为研究对象。

(罗键、高红英、苏岩、焦平、张梦雨、何玉芬、卢思颖,
原载于《江河》2016年第1期第88—90页)

第4节

戊戌年说狼与狗

狼与狗关系密切，研究表明，狗是由狼驯化而来。上万年来，狗一直是"人类最忠实的朋友"，并位列十二生肖之一。下面我们就来谈谈狼与狗。

一、南极无狼也无狗

在南极考察史上，狗在早年间发挥了重要作用，因为它们可以拉雪橇替代人力。一个世纪前，一场较量拉开了大幕，分别是以挪威人阿蒙森和英国人斯科特为主的两队人马开始了紧锣密鼓的筹备，谁能先抵达南极点谁就取得胜利。结果，在1911年12月，挪威人阿蒙森与其他4位成员率先抵达了南极点。

在那场关于光荣与梦想的竞赛中，英国人斯科特带了矮种马和少量的雪橇犬，以及两辆机动雪橇。这些矮种马在竞赛中表现欠佳，陆续病死，机动雪橇也相继出现了故障。斯科特一行5人在阿蒙森离开后一个多月才抵达南极点。1912年3月，他们在返回大本营的途中全军覆没。

1956年，美国在南极点建立了永久科研基地，命名为阿蒙森-斯科特站。1994年，《南极条约》协商会议为了保护南极环境，发布了南极禁犬令，南极再次成为全世界唯一没有狗的地区。

其实，这里曾有一种被称为南极狼的犬科动物，它是福克兰群岛（马尔维纳斯群岛）的特有物种，由于该群岛接近南极圈，因此该物种得名南极狼，于1876年绝迹。南极狼其实不是狼，而是世界上分布最靠南的一种犬科动物，自1690年人类发现该物种以来，其起源之谜让科学家们探讨了3个多世纪。

二、狼与狗的前世今生

大约在5000万年前,以细齿兽(也称麦芽西兽、始犬、小古猫)为标志的食肉类动物开始出现,它们是犬科、熊科、鼬科、猫科等动物的共同祖先;30万年前,灰狼首先出现在欧亚大陆,随后它们通过白令海峡的陆桥扩散至美洲大陆;1万多年前,当人类社会从旧石器时代步入新石器时代时,狗早已与人类相伴相随了。

犬科是哺乳纲食肉目中一类在全球广泛分布的中小型猛兽,世界现存30余种,可分为狐类、狼类、豺类等几类。我国分布有狼、赤狐、沙狐、藏狐、貉和豺等6种,总体来说就是豺狼和狐狸。

狼是世界上分布最广的肉食动物,曾广泛分布于除港澳台及海南省外的中国所有地区,但如今在南方大部分地区已灭绝。狼的亚种数目众多,早期研究曾记载有约140个亚种,其中一部分被认为是狗的亚种。然而,现代分类学[如《世界哺乳动物物种分类》第三版]将狼划分为37个亚种。在旧大陆(欧亚大陆及北非),过去认为有14个亚种,含日本的2个已灭绝亚种,但不包含狗和澳洲野狗;在新大陆(北美洲),狼曾被分为24个亚种,含加拿大、美国和墨西哥的6个已灭绝亚种。最新的分类研究将狼的亚种数量缩减至十几个亚种(具体数据尚有争议),包括野狼亚种和2个家犬亚种(狗及澳洲野狗)。

1758年,科学命名"二名法"的创始人、瑞典博物学家林奈在《自然系统》一书中,将狼和狗命名为两个物种。格雷于1863年曾把中国狼命名为独立物种,迈丸特于1890年将中国狼改定为狼的变种,艾伦于1938年将中国狼改定为狼的亚种。

关于狗的起源,这是一个一直困扰着古生物学家、动物分类学家、动物进化学家、人文学家和社会学家的问题,曾有"一源说""多源说"和"多起源地单种祖先"等学说。如今,人们对狗是从狼驯化而来的观点已基本达成共识,争议的是驯化的时间和地点。

近年来,以中国科学院张亚平院士和瑞典皇家科学院彼得·萨沃莱南教授为代表的中外科学家,通过对母系遗传的线粒体DNA、父系遗传的Y染色体DNA,以及核基因等的一系列遗传学指标的研究得出结论:狗的祖先有可能是1.5万—4万年前生活在中国长江以南及其邻近地区的狼。这些狼被中国人的老祖先猎获后加以驯养,它们逐渐演化成人类的伙伴,并被带到了世界各地。狗跟随人类,从亚洲穿过白令海峡到达美洲,从亚洲到欧洲,然后又穿过直布罗陀海峡到达非洲。

人工筛选的力量比我们想象的更为强大,地质时间上的"转瞬间",人类便根据自己的需求"制造"出了各种各样的狗。根据基因研究的结果显示,世界上现存的狗约有450种,常见的有150多种。法国博物学家布丰认为,"人类最原始的艺术乃是对狗的驯养",而法国古生物学家居维叶则把狗誉为"人类最出色、最完美的战利品"!

按照单系理论,单系应包括祖先型(古代的狼)和现生型(现代的狼和狗)。如果承认"狗是由狼驯化而来的",那就必须承认"狗就是狼"。所以,现在国内外科学家多将狗作为狼的亚种处理,但更合理的做法是将狗作为狼的人工变种。

三、人与狗的协同进化

狗被人们视为最"通人性"的动物,它们能读懂我们人类的"表情包",它们也忠于人类,所以上至皇室贵族,下至平民百姓,很多人都视狗为家庭成员,对狗宠爱有加。

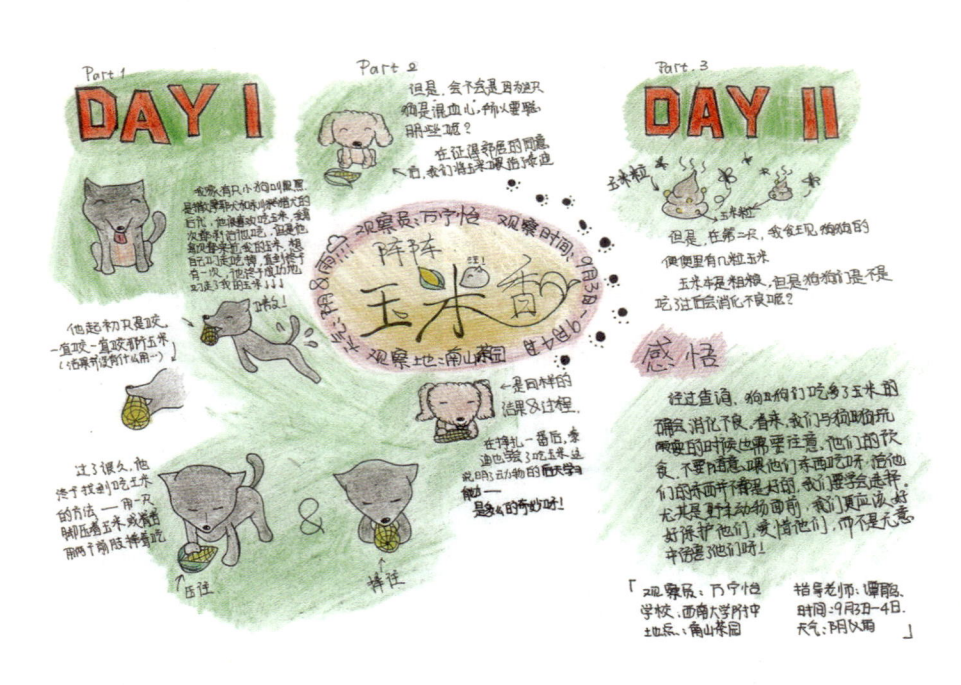

▶ 第三届重庆市梦想课堂·自然笔记大赛获奖作品《阵阵玉米香》

(作者:万宁怡　指导教师:谭鹃)

其实，与狼相比，狗已经被改变了头型、毛色、体型、叫声和行为等狼的特征。狗是人类驯化的第一种家畜，它让人类逐渐积累了驯养繁育其他家畜、家禽的经验。

从古至今，狗在世界各地的人类社会中都扮演了重要角色，比如警犬等工作犬。警犬是指警察机关使用的、具有一定警务用途的狗。按用途可分为追踪犬、搜捕犬、鉴别犬、搜爆犬、缉毒犬、护卫犬、巡逻犬、救护犬、消防犬、防暴犬等专项警犬。它们具有发达的高级神经活动机能，有灵敏的感官，有很强的警用素质。此外，工作犬还有牧羊犬、雪橇犬、军犬、导盲犬等。长期以来，工作犬对人类产生了无法估量的作用，即便是在人工智能高度发展的今天，它们依然有着非常重要的作用。

四、狼图腾与狗文化

2004年，《狼图腾》一书出版，中国迅速掀起了一阵"狼性文化"热。作者姜戎曾在内蒙古做过多年的知青，对狼的习性了解颇深，因此，他写了一系列感人至深的狼的故事。

匈奴、突厥、蒙古等古代北方游牧民族，都以狼作为他们的图腾和民族的守护神而受到他们的尊敬和崇拜，这就是"图腾崇拜"。对狼的图腾崇拜现象几乎是生活在亚洲北部草原上的先民所共有。

近60年来，东北、华北、西北地区狼的种群数量急剧减少，长江以南大部分地区的狼群区域性灭绝。《狼图腾》也写到了国内狼种群急剧下降的主要原因：生态环境改变和人类过度捕杀。

美国《自然历史》杂志主编杰克·佩奇在他所著《狗的前世今生》中写道，没有任何动物像狗一样陪着人类走过如此漫长的岁月；没有任何动物像狗一样，遭受人们的迫害和驱逐，依然忠贞……作为一种令人惊叹的灵性动物。狗不仅是宠物，还是我们生活的一部分，是我们最亲密、最可信赖的朋友。

在3000多年前的殷墟甲骨文中，就出现了"犬"的象形文字；周代设有"犬人"之官，依礼制掌"犬牲"；汉墓陶狗出土非常普遍，山东临沂银雀山还出土了"相狗"残简；唐代宫廷设"犬坊"，来驯养猎犬；元明时期在东北等地设有"狗站"，养狗供使役用；到明清时期的皇家画卷中，与男子在一起的狗多为狩猎，与女子在一起的狗多为宠物。

现代汉语中嵌有"狗""犬"字样的词约200多条，若加上相同意义的变体，以及带"狼""狐""貉"等犬科动物字眼的成语则更多。

人与狗的"交往"始于史前,狗由狼驯化而来,自驯化以后,"狼"从此就在人类的家中生活。狗是人类文明发生和发展的产物,它伴随着人类族群的演化和扩散而演化和扩散,也必将继续见证和伴随人类社会的持续进步。

(罗键、高红英、梁晶、杨金花、王红、王芳芳、盛梦蝶、罗晰月、詹露、罗渠高,原载于《江河》2018年第2期第94—97页)

第5节

万年有象应无恙

英国德纳罗公司受清政府海关总税务司驻伦敦办事处委托,于1877年5月定制了中国首套邮票,主图元素为太极和双龙,但因图样"颇为乏味"而未被办事处采纳。同年11月,该公司又另行设计了龙、凤、象、塔几种图样寄往伦敦,其中的龙、象、塔三种设计随后试制印样。"万年有象"虽设计精美,但象在中国传统文化中的地位始终无法与龙相提并论。因此,经过一年多的酝酿后,"云中蟠龙"于1878年被正式印制成中国官方发行的首套邮票,即"大龙邮票",标志着中国邮政史的开端。

▶ 第四届重庆市梦想课堂·自然笔记大赛获奖作品《抬脚问题》
(作者:岳美辰 指导教师:陈竹)

龙是神话传说中的动物,而象在现在也快成为传说了,尽管象在历史上曾是动物群中的建群性、主导性、旗舰性物种。

一、6000万年来,万年有象,有化石有"真象"

象类,现存亚洲象和非洲象(草原种、森林种)2属3种,但象的化石属种表明象在史前曾盛极一时,有四五百种,且分布广泛。作为最大的陆生兽类,象类的起源和演化研究一直都是学界和公众关注的焦点。

1811年,博物学家为现存象类及其化石种建立一目时,选择了"长鼻目"。两个世纪后,长鼻类被追溯到距今约6000万年前,但是它们的祖先开始却并不具有长鼻子。

三个多世纪以来,伴随着长鼻类化石材料的研究,对它们系统分类的订正从未停止。最早的长鼻类是发现于北非摩洛哥的初兽(距今约6000万年),科学家推测初兽只有5公斤,牙齿看起来一点也不像象牙,大小跟现在的兔子差不多,这是迄今发现的最小的长鼻类。

此后,长鼻类的演化经历了三大扩散事件:第一次扩散是原始的脊齿型长鼻类在北非,时间为始新世(距今约5300万—3700万年),产生了早期长鼻类,这些化石都发现于北非撒哈拉沙漠周边。第二次扩散是乳齿象类在欧亚大陆,时间为晚渐新世至早中新世(距今约2700万—2300万年),演化的主干类群是乳齿象类,演化中心由非洲转移到了欧亚大陆。第三次扩散包括剑齿象类和真象类,时间为晚中新世末(距今约700万—500万年),演化的一个主角是剑齿象类,小学课文中的"黄河象"就是一种剑齿象,最早的化石记录是产自我国早中新世的淮河古剑齿象;演化的另一个主角是真象类,包括剑棱齿象、原齿象等。

四川盆地经历了"海盆—湖盆—陆盆"发展演化的沧桑巨变,这里的象类化石十分丰富。30年来,我们曾在沱江畔的四川资阳人遗址、长江畔的重庆巫山人遗址和嘉陵江畔的重庆北碚天府文星场等地寻找过各种象类的化石未果。早在19世纪,英国外交官斯文豪在重庆附近就发现过包括象类在内的兽类化石,后经英国古生物学家欧文研究,于1870年发表《中国化石哺乳动物》,这是我国关于象类化石最早的文献记载。

二、6000年来，今夕其雨，有遗骨有"真象"

20世纪30年代，在安阳殷墟就发现了距今3000多年的亚洲象遗骨。中华人民共和国成立后，在浙江余姚河姆渡、河南淅川下王岗、四川广汉三星堆等遗址中也发现有大量亚洲象遗骨。再加上《国语·楚语上》《华阳国志·蜀志》《左传》等史料中有关象的记载，证实了黄河以及黄河以南的淮河、长江、东南沿海诸河、珠江等流域的森林中都有野象分布。

在甲骨文卜辞中多有殷商时期捕象、驯象的记载，如"今夕其雨，获象"（第377片），"于癸亥省象，易日"（第610片），"乙亥王卜，贞：田丧，往来亡灾。王占曰：吉，获象七，雉卅"（第86片）等。第86片的辞意为：乙亥日、商王卜问，田猎于"丧"是否顺利（郭沫若考证"丧"在河南省沁阳市西北部），往返是否遇灾祸，王看了卜兆后说吉利，果然捕获了7头大象、30只雉鸡。同时，殷墟还出土了大量由象牙、象骨制作的礼器、卜骨，以及祭祀象坑等，这也说明，此时黄河流域还生活着成群野象。今河南省即简称"豫"，豫字被很多学者认为是人牵着（驯）象。

秦汉时期曾设置象郡，《史记·南越列传》云"秦时已并天下，略定杨越，置桂林、南海、象郡"，《淮南子·人间训》记，秦始皇"又利越之犀角、象齿、翡翠、珠玑"，这种行政区划设置的目的非常明显。

近千年来，长江以南寒潮频现，很多动植物的分布逐渐南移，野象也仅限于岭南和西南地区，并由东向西退缩。另外，人类大规模的捕杀行为也导致野象资源迅速减少，雷州半岛的野象约在16世纪30年代以后渐趋灭绝。明朝广西仍有超过3000头象，以十万大山为主要和最后的分布区，朝廷甚至专门在此设置了"驯象卫"，以保护乡民和禾稼，并驱捕和驯养野象。

近代以来，随着环境变迁及捕猎贸易等因素的影响，云南野象的数目逐年减少。方国瑜在《滇西边区考察记·班洪风土记》一文中记述："班洪寨西南蛮朗山中，有大象七八只，曾过其地者曰：象洞外四五里，有石屹立，象过其旁，长鼻摩擦，石已平如砥。凡象所行经，丛棘开成隧道，或不知而走象路，遇之则无处可避，必遭其为祸也。"他在《打猎》篇中记述了野象减少的情形："野象亦时有之，闻在三十年前，数最多，且至孟定境内，今则过班洪者已少，而孟定无象踪迹也。"民国时期，野象已仅偶见于西南边陲，国内的驯象也越来越少。

三、60年来，乡土乡愁，有南缩有"漫游"

中华人民共和国成立后，中国科学院云南综考队在西双版纳的考察中证实云南南部确有野象，野象群分布于勐养北部、勐腊曼庄一带，以及易武西北部。当时发现西双版纳的野象，主要分布于海拔1000米以下的竹阔混交林，它们常在林中寻找水源。20世纪50年代末，中国境内的亚洲象已不足百头。为挽救这一濒危物种，国家选择在澜沧江边的勐养建立了自然保护区，这里的野象谷从此成为大家最容易见到野象的地方。经过半个多世纪的休养生息，国内野象种群才恢复到如今的200多头。傣语中，"澜"为百万，"沧"为大象，澜沧江意为"百万大象"之江；而"勐养"意为"还剩下一个坝子"。如此看来，这仿佛是一个充满深意的谶语。

1976年，云南省动物研究所（今中国科学院昆明动物研究所）公布了当时的调查数据，国产野象不足150头。1983年，西双版纳自然保护区综合考察团发现，野象分布范围比20世纪70年代初有所扩大，且数量有所增加，达179头。1990年，世界自然保护联盟亚洲象专家组公布的数据显示，中国有150~300头亚洲象。

到20世纪末，根据《中国濒危动物红皮书》公布的数据，我国野象种群数量总数为200~250头，为"濒危"。致危因素有以下五点：一是栖息地的缩小和变化；二是为获取象牙的偷猎行为；三是人类活动干扰影响象群活动；四是人口增长和移民带来的压力；五是由于意外而死亡。

21世纪以来，亚洲象在国内的分布区既有收缩的现实，又有北扩的趋向，还有跨国的漫游。目前，我国亚洲象野生种群分为9个彼此相对隔离的地方种群，并时有游荡个体出现，总数接近300头，分布于西双版纳州景洪市、勐腊县、普洱市思茅区、澜沧拉祜族自治县、江城哈尼族彝族自治县、临沧市沧源佤族自治县。

随着我国野象种群数量的逐渐恢复，人与象冲突的风险陡然加大，野象啃食破坏庄稼、攻击伤人等案件时有发生。2016年2月，我们在西双版纳进行亚洲象专项考察期间，恰逢一头雄象在野象谷附近的213国道上，将停靠在路边的19辆私家车损坏，所幸无人员受伤。

象是各地动物园和博物馆的明星，对大家而言，这里是直观认识它们的场所，但对它们来讲，这里却并非它们真正的归属。而在野外发现大量象的遗骨聚集可能是自然原因导致的，也可能是偷猎行为造成的，世界上并没有什么"大象公墓"，这只是一个传说。

我们希望60年后、600年后、6000年后,象不会在地球上消失,象妈妈还能为象宝宝长牙了而高兴,我们的子孙还能传唱那首歌:"大象,大象,你的鼻子怎么那么长?妈妈说鼻子长才是漂亮……"

(罗键、杨森、付邱竹文、高红英、罗渠高,
原载于《江河》2017年第3期第94—97页)

第四章

乡土植物篇

第1节

倔强的植物界"大熊猫"

重庆市人民政府于2015年2月9日公布了《重庆市重点保护野生植物名录(第一批)》,在46种珍稀植物中,有一个充满诗情画意的物种名字——疏花水柏枝(*Myricaria laxiflora*),这个名字不禁令人想起"疏影横斜水清浅""岁寒,然后知松柏之后凋也"中的意境。这究竟是怎样一种风华绝代的植物,还没有被我们充分了解就濒临灭绝了呢?

▶ 第七届重庆市梦想课堂·自然笔记大赛获奖作品《疏花水柏枝》
(作者:赵泓橙 指导教师:杨钰宁、罗键)

一、系出名门,三峡特有的珍稀植物

1862—1874年,法国传教士戴维在中国居住了12年。他除了将大量植物标本寄回法国并引种许多植物新种到欧洲各国外,还在中国发现了很多的动物新种,其中就包括举世闻名的中国特有哺乳动物——大熊猫和麋鹿。1868年,他在途经长江三峡地区时,于四川巫山(今属重庆市)峡口长江沿岸采到一种多年生灌木。后来,法国植物学家弗朗谢依据戴维采集的这份标本,将它定为瑞典博物学家林奈依据德国标本命名的水柏枝(水柏枝属模式种)的一个变种。直至1984年4月,才由我国植物分类学家张鹏云和张耀甲将它提升为种,命名为疏花水柏枝。

疏花水柏枝可能起源于古地中海地区,伴随着喜马拉雅山脉的隆起和长江三峡地区的地质构造变化而进化扩散,可能是第四纪冰川影响后的古孑遗种。在我国,疏花水柏枝主要分布于三峡库区原海拔70米~155米的消落带,是水柏枝中唯一的亚热带低海拔类群,其余各种大多分布于1000米~5200米的高海拔地区。作为三峡库区特有珍稀濒危植物,疏花水柏枝具有极强的抵抗洪水冲击和耐水淹能力,是优良的护坡、护岸及水土保持物种,也是重要的药用植物和理想的观赏植物。

随着三峡工程的竣工,新的消落带形成,疏花水柏枝的原生境全部被淹没,该物种面临野外灭绝之虞。该物种被发现并命名的一个多世纪以来,大家对其了解相当匮乏,直至三峡工程被批准兴建后,在保护库区特有植物的研究过程中它才逐渐受到关注。

二、高峡出平湖,已惊疏花水柏枝

疏花水柏枝对生存条件要求比较苛刻,仅狭域分布于长江三峡沿江的河滩至海拔155米的自然消落带内,曾是三峡地区长江干流消落带内植被的优势物种。每年6—11月,疏花水柏枝的生境地都会被长时间淹没,最长时间可达9个月。

每年,随着水位的逐渐退落,疏花水柏枝露出水面,它的枝叶开始萌发生长,同时进入开花结果阶段。果实脱落后,它进入旺盛的生长阶段,这个过程将持续到次年的6月。当洪水季节来临时,无论是否被水淹没,疏花水柏枝的枝叶都会枯落进入休眠期。

三峡工程兴建后,库区有500余种植物因工程的建设受到淹没的威胁,4种地方特有植物(另3种分别为荷叶铁线蕨、巫山类芦、巫溪叶底珠,模式产地均在重庆)的野生种群遭到严重破坏,而疏花水柏枝是其中唯一一种丧失其全部生境的高等植物,极可能因其原始生境遭受毁灭性的破坏而灭绝。

目前,开展消落带植被的生态恢复与重建,以及相关濒危物种的保护是生态学的一个研究热点。珍稀濒危物种有3种常见的保护方式,即就地保护、迁地保护和回归引种。就地保护是指保护生态系统和自然环境,以及在物种的自然生境中维护和恢复其种群,主要方法是就地建立自然保护区、森林公园、风景名胜区等自然保护地;迁地保护是指将生物多样性组成部分迁移到自然生境以外进行保护,动植物园是迁地保护的主要机构;回归引种是将濒危物种保育在自然或人工管理的生态环境中,使它们形成可长期成活、自行维持的种群,这种方式被认为是连接就地保护和迁地保护的桥梁。

为了保护疏花水柏枝这一濒危物种,自20世纪90年代开始,中国科学院植物研究所、神农架生物多样性定位研究站、武汉植物研究所(今中国科学院武汉植物园)、三峡植物园等机构,通过野生植株的插条繁殖建立人工种群,成功地保存了约2万株疏花水柏枝苗木,以确保该物种不至于在野生种群淹没后灭绝。重庆丰都白水河水库、巫溪大宁河、湖北兴山香溪河、秭归四溪和宜昌三峡坝区等长江支干流原自然分布区的邻近地区,都被选为疏花水柏枝种群回归引种与种群重建地。此外,重庆市的消落带示范点及部分生物机构也在移栽培植疏花水柏枝。

三、走出峡江,植物界"大熊猫"的涅槃之旅

近年来,西南大学附属中学疏花水柏枝研究小组对重庆市区和部分郊区的库区迁地保护试验区进行了持续调查,仅于2016年2月在重庆市江津区长江右岸发现了1株,结果堪忧。

然而,在库区蓄水后,三峡植物园技术员在湖北松滋的一处河滩上发现了疏花水柏枝。2007年12月,人们又在三峡大坝下游约100公里处的湖北省枝江市董市镇附近一处江心洲——沙浪奇观景区发现了它的身影,从而改变了以往三峡工程蓄水将导致该物种灭绝的学术观点。随后,在湖北省宜昌市关洲和宜昌市胭脂坝等江心洲也有所发现。2015年4月,还在四川省泸州市纳溪区新乐镇三江村大中坝下游的一片河滩地上发现近千株……虽然三峡地区的环境发生了剧变,但顽强的疏花水柏枝却沿着长江流域向上下游扩散,在新的环境中展现迷人的风姿。

19世纪,达尔文创立了以自然选择为核心的生物进化学说,该学说可以被概括为"物竞天择,适者生存",在21世纪,疏花水柏枝对该学说进行了生动的诠释。

疏花水柏枝甚至还跨越千山万水来到了新疆。1998年,吐鲁番沙漠植物园对疏花水柏枝进行了迁地保护试验。经过多年的重复循环扦插试验,温室中现已存活了大量的疏花水柏枝扦插幼苗,今后将陆续开展露地栽培试验。在可以想见的将来,疏花水柏枝这种独具魅力的植物有可能在沙漠中展现美丽身影。

作家东海龙女(余娅琴)在其网络小说《MS疏花水柏枝》中借主人公舒琳琅的笔写出诗句,"如果有来生,要做这样的植物:在阳光下思念你,在水底等待阳光。永远保持着思念的记忆,和一种等待的姿势——不管那些变幻的沧桑"。世上有没有这样一种感情,就像三峡地区独有的这种珍稀植物——疏花水柏枝,值得我们倾尽一生去思念和等待?

(罗键、张梦琴、田佳欣、孔志强、李九彬、郭铸、高红英,

原载于《江河》2016年第2期第86—89页)

第 2 节

一树榕荫　满川乡愁

"黄葛树,黄葛丫,黄葛树下是我家。我家儿郎会写字,我家女儿会绣花。……我家有个好姐姐,名字叫作马兰花……"这首小孩子跳皮筋时唱的童谣,至今仍在巴蜀地区传唱。

▶ 第七届重庆市梦想课堂·自然笔记大赛获奖作品《黄葛树》
（作者：金庭依　指导教师：杨钰宁、罗键）

一、在很多志书和古诗中都能看到黄葛树的身影

黄葛树的记载在巴蜀地区历史悠久。宋《图经》云:"涂山(今重庆市南岸区)之足有黄葛树,其下有黄葛渡。"《峨嵋山志》云:"嘉树在罗目县东南三十里阳山江溉(今乐山市沙湾区大渡河畔)。两树对植,围各二三尺,上引横枝,亘二丈相援连理,阴庇百夫。其名曰黄葛,号嘉树。"明曹学佺《蜀中名胜记》卷十一曰:"嘉树在罗目县东南……"《巴县志》(今重庆市巴南区)等志书上也有记载。

此外,许多古诗也描绘过黄葛树。唐荣州(今四川省荣县)刺史刘兼有以《万葛树》为题的一首七律,诗中写道:"百步青阴锁绿云,……英风偏称号将军……"宋苏辙(字子由)在五言古诗《初发嘉州》中说:"余生虽江阳,未省至嘉树。"清李调元起初不知嘉树即黄葛树,后在《自嘉定至峨眉道中》以"阴连百亩引横枝,嘉树还须转垛移。未省江阳有黄葛,当年却笑子由诗"自嘲;张九镒题有五律一首,中有"老树旁屈盘,垂荫几千尺";王尔鉴的题诗则有"莫笑欹门黄葛老,犹撑古干撼风烟";姜会照诗亦有"一勺泉流黄葛树,三间屋对海棠溪"。

二、黄葛树在我国南方被视为"神木"

黄葛树是桑科榕属的植物,分布于中国南方地区、南亚、东南亚至大洋洲,通常生长于海拔2000米以下的地区。在重庆和四川沿江城镇随处可见黄葛树,其树冠广展,板根可延伸至数十米处;支柱根形成的树干,胸径可达5米以上,是良好的遮阴树。

以前,黄葛树在我国南方被视为"神木",西南地区黄葛树常种植于寺庙、祠堂、村口等公共场所。首个驾驶轮船航行长江的英国人立德,图文并茂地记录了重庆的黄葛树:树下都修有神龛,供路人敬香祈福,并把许愿的红布条抛挂在树干上;翻开"中国西部花园"的英国博物学家"中国的威尔逊"1899—1918年5次来华采集引种,其中有4次深入中国西部,在他的镜头中黄葛树是巴蜀地区的乡土特征;李约瑟的《中国科学技术史》中有一幅图,图注为"在通往重庆北碚的小道上的一株中国的榕树,树阴下有一座土地庙"。

在二十世纪五六十年代,重庆市政府提出"让黄葛树进城""因为重庆的土质气候适合黄葛树"。随后,人们在市内用黄葛树种子大量繁殖,70年代,黄葛树逐渐作为行道树在市内的公园沿江河岸、山坡均广泛栽植。1986年7月23日,重庆市第

十届人大常委会第十九次全体会议决定,以黄葛树为市树,以山茶花为市花,沿用至今。

▶ 第五届重庆市梦想课堂·自然笔记大赛获奖作品《记忆之树》
（作者：罗婕　指导教师：高红英、罗键）

三、北碚榕却并非原生于重庆北碚

"南朝四百八十寺,多少楼台烟雨中。"在重庆市北碚区就有一座建于南朝刘宋景平元年(423年)的温泉寺,寺庙西靠缙云山,东临嘉陵江。寺内有一个天然形成的乳花洞,洞顶植有一株榕树,高耸云端,俯瞰温塘峡,岩壁上修一磬室,别致险峻,幽静奇特。1927年,在卢作孚倡导下将这里改建为北温泉公园。1937年底,国民政府主席林森游览北温泉公园,看中磬室,定名为"主席避暑山庄",拨专款修饰,其后常来此小住。抗战胜利后,数学家何鲁曾长住磬室,他曾作诗云:"节候忽惊景物新,亭林游赏及芳辰。"

很多人可能不知道,北温泉公园的这种榕树并非常见的黄葛树,而是濒危物种北碚榕。该物种为雌雄异株,因最早发现于重庆北碚而得名。2015年,北碚榕被列入《重庆市重点保护野生植物名录(第一批)》,目前有详细记录的仅5株,位于重庆市北碚区北温泉公园和缙云山绍龙观。

从1880年起,英国的梅斯尼、法国的德拉维和德国的赫特等人先后在重庆及其周边搜集植物标本。1930年中国西部科学院在重庆北碚成立。抗战期间,中央研究院植物研究所、中国科学社生物研究所等大批科研机构迁至重庆北碚,中国一些著名的植物学家云集北碚。北温泉公园盛极一时,成为地理学家和生物学家科考、休闲的必去之处。李约瑟于1943年4月访问北碚后,在《战时中国之科学》中写道:"最大的科学中心是在一个小市镇上,叫做北碚,位于嘉陵江西岸。此镇所有科学团体与教育机关,不下十八所。"然而,当我们查阅当时发表的文献时,却没有发现有关北碚榕的只言片语。

从命名至今,北温泉公园内外的北碚榕一直呈分散分布,且多年来从未发现幼苗,说明它们可能不具备自然繁殖能力。但在一项专项调查中,我们在贵州赤水的丹霞崖壁上发现了北碚榕的踪迹,它们分布于葫市镇金沙村的野生种群,雌雄兼备,并有自生幼苗。另外,在当地的丙安乡还有人工引种栽培的植株。

通过文献搜集和田野调查,我们确认北碚榕并非原生于重庆北碚,而在贵州赤水有大量分布,在泰国清迈也有记录。据此推测,北温泉公园的北碚榕可能是由赤水移栽至北碚的观赏植物。

四、让榕树造福榕城

2014年11月初,习近平总书记在福建调研时强调福州要多植榕树。早在1996年,福州园林局干部林焰在20多年研究榕树的基础上,出版了一本《榕树与榕树盆景》的专著,时任中共福建省委常委、福州市委书记的习近平同志就欣然题跋。在这篇题为《让榕树造福榕城》的跋中,习近平写道:"榕树是福州的市树,千百年来与福州的发展历史紧密相连。它枝繁叶茂,苍劲挺拔,荫泽后人,造福一方,在调节气候、绿化环境中发挥了重要作用;它又具有顽强的生命力,多么贫瘠的土地,乃至乱石破崖,它都能破土而出,盘根错节,傲首云天,象征着不屈不挠的福州人精神。"

在我国南方有丰富的可用于城市园林绿化的乡土榕树,比如小叶榕、北碚榕、大青树等。

一树榕荫,满川乡愁。据说,逐梦他乡的重庆人又把黄葛树苗带到了上海崇明、福建长乐、广东广州,甚至新疆库车等地去栽种,这就是重庆人的黄葛树情结。也许,榕树可以寄托人们对乡土桑梓的思念,走到哪里都要不忘根本,走到哪里都要枝繁叶茂。

(罗键、吴春梅、刘馨橘、程文彦、米冠南、王佳宇、陈钎源、刘欣雨、李永康、陈龙、付新民、龙杰、张梦雨、高红英、罗渠高、罗钰,

原载于《江河》2016年第5期第84—87页)

第3节

非典型植物的另类生活

在我们的日常生活中，高等植物给人的第一印象都是通过光合作用来制造氧气和有机物，并吸收二氧化碳和水分，是生态系统中的生产者。殊不知，有些植物却并非完全自养，有的甚至已经丧失了光合作用的能力，包括寄生植物、食虫植物，以及腐生植物等异养植物。它们或侵入其他植物机体以获取现成的养料，或在进行光合作用的同时也捕食昆虫，或从生物遗体中获取可溶性有机物。

2500多年前的《诗经·小雅·頍弁》中写道："岂伊异人？兄弟具来。茑（niǎo）与女萝，施于松上。未见君子，忧心怲（bàng）怲；既见君子，庶几有臧。"这首诗中的"茑与女萝"指的都是善于攀缘的蔓生植物。"茑"是指桑寄生；"女萝"则有争议，有的学者认为是松萝，有的学者认为是菟丝子；"施"有依附之意。松萝是一种枝状地衣，是藻类和真菌的共生体，附生于针叶树上，它与树之间并无多大的利害关系，但桑寄生、菟丝子则是典型的寄生植物。

一、植物杀手：菟丝子

生物之间既相互依赖，又相互制约，这是在长期的生存斗争中发展出来的关系。有的互惠互利，共同生活，这是种间互助，叫作互利共生，如地衣、满江红等植物；有的单方有利，摄取营养，这是种间斗争，叫作寄生关系，如菟丝子、蛇菰（gū）等植物。有的寄生植物，既能自己进行光合作用，又能靠寄主提供养料，这叫作半寄生，如桑寄生、槲（hú）寄生等植物。迄今为止，世界上被确认的寄生植物超过4000种，分属19个开花植物家族，最常见的寄生植物是菟丝子和不同种类的槲寄生。

重庆缙云山国家级自然保护区及其邻近地区，分布着3种像菇不是菇的寄生草本植物——蛇菰。皱球蛇菰在缙云山上非常稀少，仅于1963年在北温泉公园石刻园林下采得1号标本,该物种模式产地为重庆市石柱土家族自治县和广西、贵州等地;穗花蛇菰也很少,仅于1979年10月27日在缙云山海拔900米处采得1号标本,在重庆金佛山也有发现,该物种模式产地在我国台湾地区,还产于江西、湖南、广东、广西、四川、云南等地;缙云山上相对常见的是红冬蛇菰,俗称"文王一支笔",在海拔400米以上的山区屡有发现。此外,西南大学于1957年7月15日在重庆市南川区小河滥坝也采得红冬蛇菰1号标本,该物种模式产地在广东沿海岛屿,还产于广西、云南等地,目前尚无人工栽培的报道。

李白在《白头吟》中写道:"兔丝固无情,随风任倾倒。"诗中的"兔丝"可能就是一年生寄生缠绕草本植物菟丝子,其种子休眠期可达20年,种子和藤蔓均可繁殖。对我国木本植物危害最大的是金灯藤,又名日本菟丝子,全国各地均有分布。金灯藤生长迅速,蔓延容易,茎较粗壮,常有紫红色瘤状斑点,无毛,多分枝,叶片退化,常对寄主植物造成严重危害。

菟丝子常被称为"植物超级杀手",它通过两种方式寻找合适的寄主:一是它的茎探测到它喜欢的寄主植物的气味后,就会向着喜欢的寄主植物的方向迅速生长;二是它利用光反射从附近植物中选择叶子中叶绿素含量较高的植株。当然,若在没有选择的情况下,它也会缠绕上附近的其他任何植物。

二、动物猎手:捕虫堇

相对于寄生植物的严重危害,食虫植物则显得十分可爱。食虫植物也称食肉植物、肉食植物,这是一个稀有的植物类群。它们的形态与我们常见的植物有很大区别,是捕食昆虫的"美丽杀手",其中常见的有猪笼草、捕蝇草、瓶子草等。截至2024年,世界上已知有10科24属800多种食虫植物,我国已发现的野生食虫植物约有30种。

在重庆,食虫植物很罕见,在重庆发现食虫植物的历史可以追溯到中华人民共和国成立以前。中国科学院植物研究所南京中山植物园保存着产于南川的高山捕虫堇标本。1935年4月,一批专家曾到重庆金佛山进行过野外考察,并采集了部分植物标本,直至1962年12月20日,这些标本才被鉴定为高山捕虫堇。

中华人民共和国成立后,西南大学的老师曾赴重庆金佛山采集到一批捕虫堇标本。这批标本如今保存在西南大学、四川大学、中国科学院植物研究所(北京)和中国科学院武汉植物园,后经鉴定均为高山捕虫堇。

随后的30多年,这个物种好像人间蒸发了一样,再未被人们发现。直至1988年,人们才又在重庆金佛山的阴湿岩壁上发现零星生长的高山捕虫堇,但因数量太过稀少,这个消息只在植物专家圈中传播,并未对外公布。但是,2001—2011年,人们在野外时常能见到它们的身影。

高山捕虫堇是幸运的,至少它还一直在重庆金佛山繁衍生存,但有的物种却没有它这样的幸运,比如重庆的另一种食虫植物——茅膏菜。

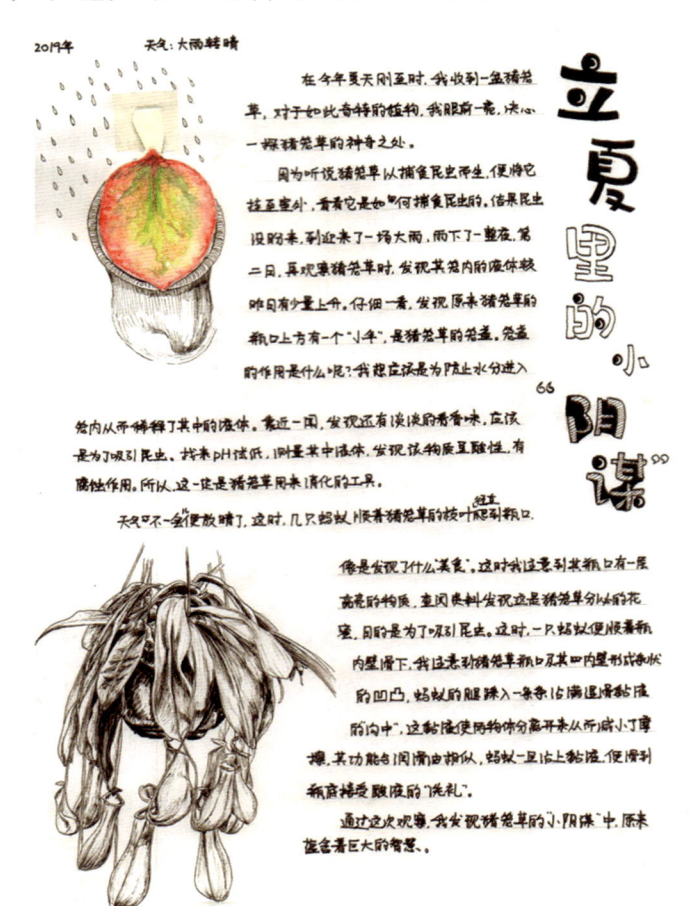

▶ 第六届重庆市梦想课堂·自然笔记大赛获奖作品《立夏里的小"阴谋"》
(作者:陈泓伊　指导教师:张兵娟、罗健)

茅膏菜是一种不高的多年生草本食虫植物,最早被发现于重庆市南岸区的南山。1989年,在海拔500米左右的南山放牛坪马尾松林内也发现了茅膏菜。1999年5月至2000年8月期间,在海拔400米～500米的同一片生态区域还能找到上百株野生茅膏菜。然而到了2002年,科学家再次前往南山考察时,发现茅膏菜的数量就越来越少了。其后几年,经多次考察,发现茅膏菜已经在重庆这个唯一确定的分布地点消失了。有专家对茅膏菜灭绝的原因进行了分析,认为除了它植株矮小,对生境要求特殊,分布范围狭窄等自身因素外,还有人为地圈地毁林、刨地表土等因素,加之落叶堆积、林木遮光等环境因素的综合影响,最终导致了该物种在重庆南山灭绝。

不过,我们现在可以通过花木市场或网店,购买到包括茅膏菜、捕虫堇、猪笼草、捕蝇草、瓶子草等在内的人工栽培的食虫植物。凭借它们那酷酷的造型,精致的外观,很多食虫植物被引入植物园区,走进千家万户。它们既可作户外吊盆装饰,也可作室内小型盆栽,成为"肉粉"们争相引种的一抹新绿。

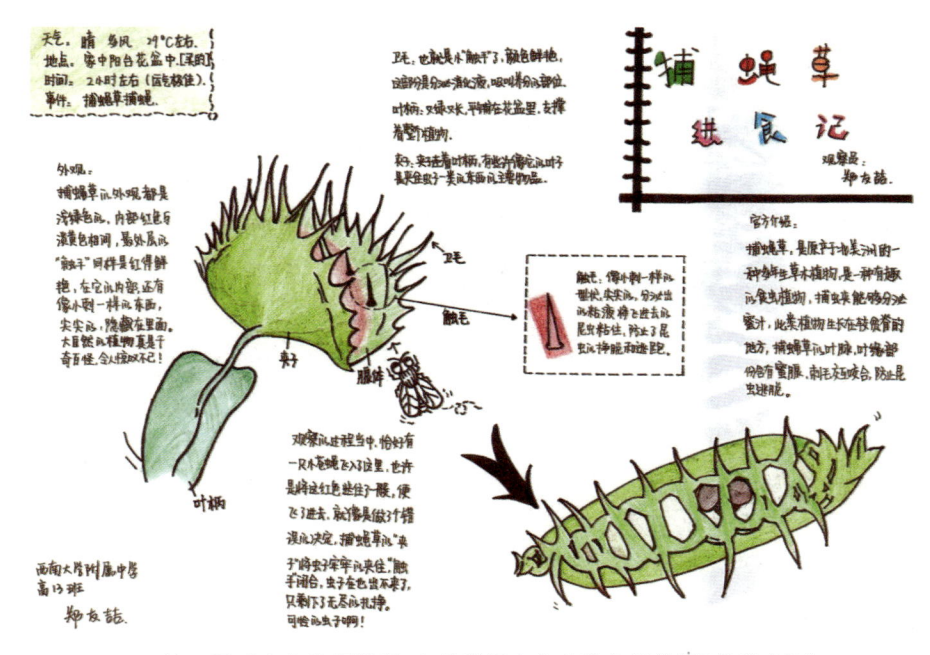

▶ 第四届重庆市梦想课堂·自然笔记大赛获奖作品《捕蝇草进食记》
（作者：郑友喆　指导教师：周子淇、徐畅）

三、死亡之花：水晶兰

还有一类与其他植物调性迥异的类群,它们已经丧失了植物的"底线",被人们称为"死亡之花"。2016年9月16日,重庆市巫溪县长桂乡万古中心小学的冉坤和李厚英两位老师,在前往高峰村小的路上,发现了一种白色的林下植物。后经鉴定,这就是号称"幽灵草"的水晶兰。

水晶兰的名字中有"兰"但不是兰花,它与我们平时所见的兰花没有任何关系,而是一种与杜鹃花和鹿蹄草有着亲缘关系的腐生植物,它靠真菌分解生物体在土壤中形成的腐殖质来获得养分。在水晶兰这一类群中,典型代表就是水晶兰(我国台湾学者将它称为"单花锡杖花")和松下兰(我国台湾学者将它称为"锡杖花"),二者的区别在于前者的花单一,顶生,而后者的花数多,聚成总状花序。打个比方来说,就是二者的外形类似"植物大战僵尸"中的"豌豆射手"和"三重射手"。至于台湾学者提到的"锡杖"则是僧人走路时手持的道具,比如《西游记》中唐僧就手持着"九环锡杖"。2016年5月,北京师范大学学者依据广西中南部标本,报道了国内一新记录物种黄色拟水晶兰,也被俗称为"银龙草""幽灵茸"或"梦兰花"等。

水晶兰在国内分布于山西、浙江、安徽、江西、湖北、四川、贵州、云南、西藏、陕西、甘肃和青海等地,国外见于印度、不丹、尼泊尔、孟加拉国、韩国、日本等亚洲国家,以及北美洲、中美洲和南美洲北部。

岭南诗人红筱在《水晶兰》诗中写道:"你的生命,建造于枯萎衰败的生命之上;你的灵动,源自于腐败植物的汁液;你没有绿叶的陪衬,却无与伦比的美丽妖娆;你来自于黑暗,却惊世骇俗地晶莹剔透。"

植物王国中的这些非典型植物们过着与众不同的生活,但这就是进化的结果,这就是自然的法则。

(罗键、刘馨橘、江海浪、武瑞君、潘逸轩、吴春梅、李九彬、龙杰、汪大喜、陈龙、高红英,原载于《江河》2016年第6期第96—99页)

第五章 生态环境篇

第1节

来次与两栖和爬行动物的偶遇

2013年5月,我们来到一片可以被称为"神奇"的土地,那就是位于北纬30度、东经109度的一片原始森林——湖北咸丰坪坝营国家森林公园。在这片武陵山腹地里,有以水杉、珙桐、鹅掌楸、红豆杉为代表的珍稀物种,它们躲过了第四纪冰期的浩劫,顺利度过了"冰河世纪",并在这里繁衍至今。

一、绿臭蛙、峨眉髭蟾、大树蛙,它们又一次与我们相遇

绿臭蛙,是我们此次在坪坝营发现的第一种两栖动物,尽管我们最先见到的是早上在宾馆旁公路上发现的"路杀"个体。正当我们扼腕叹息"绿颜薄命"时,在路旁石块下,另一只"潜伏"的个体被我们发现了。

随后,我们在坪坝营景区的四洞峡和坪坝营村居泉眼附近和溪畔也发现了绿臭蛙,因为它两眼间的"白砂痣"、身上的刺激性臭味都暴露了它臭蛙的身份。后来,我们将这种蛙与大树蛙、斑腿泛树蛙放于同一个采集瓶中,只不过一夜的时间,树蛙们悉数被"臭"死。

绿臭蛙是1950年刘承钊院士依据四川灌县(今都江堰市)蟠龙山采到的标本发表的物种,在重庆则见于金佛山、四面山、五里坡、大风堡、黑山谷、大巴山等景区,湖北于1976年首次报道在均县(今丹江口市)采到该物种的蝌蚪,后来在通山县的九宫山等地也有发现。

在四洞峡,我们在溪流中发现了一种肥硕的蝌蚪,采来一看,发现其尾基部有镶黑褐边的黄色"丫"字斑,这个明显的标识说明,它就是传说中的"胡子蛙"的baby——峨眉髭蟾蝌蚪。

峨眉髭蟾是1945年刘承钊院士依据在四川峨眉山大峨寺采到的标本发表的新物

种。2012年底出版的《中国两栖动物及其分布彩色图鉴》记录峨眉髭蟾于湖北(恩施)、湖南(桑植、石门)、广西(田林)、重庆(酉阳、武隆)、四川(峨眉山、筠连、都江堰、雅安、夹江)、贵州(印江、江口、绥阳)等地均有分布。2010年李晶尧等正是依据与坪坝营毗连的酉阳大板营的7号蝌蚪发表为重庆市两栖类新记录。据我们了解,中国科学院成都生物研究所还在邻近的恩施龙凤镇也采到过峨眉髭蟾的蝌蚪。

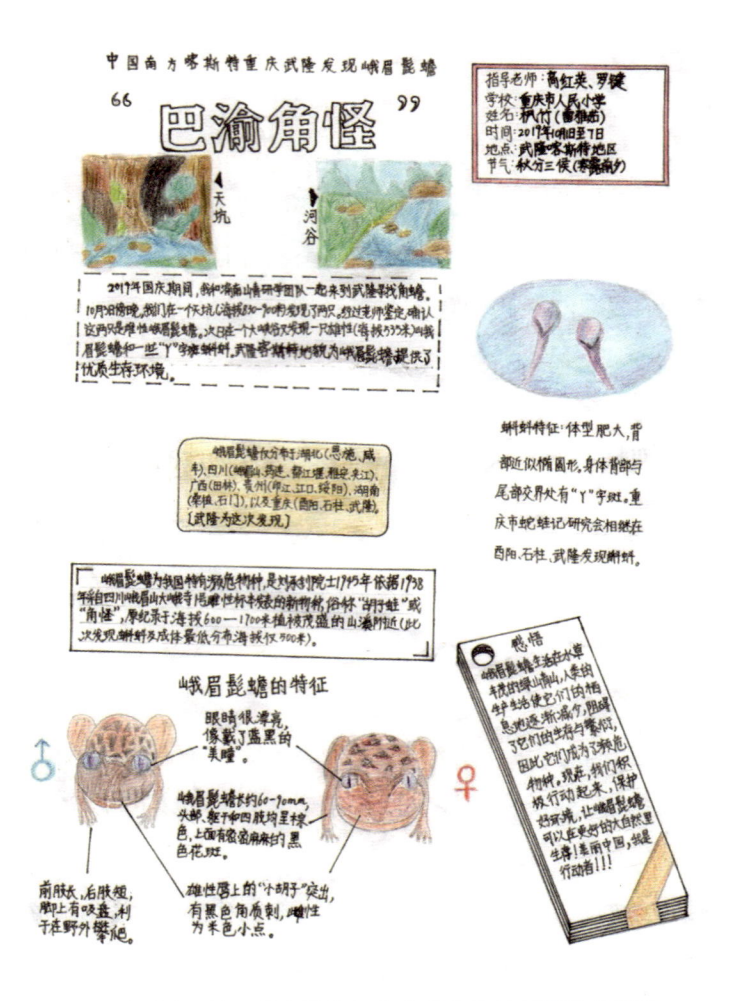

▶"长隆杯"第二届自然笔记大赛获奖作品《"巴渝角怪"》
(作者:雷雅茹　指导教师:高红英、罗健)

我们刚刚走出四洞峡,知名作家章创生先生的一个紧急电话又把我们"追"了回去,说他在洞口的溪流中见到一只硕大的"青蛙"。我们一溜小跑往回赶,远远就看到其他的考察队员正在岸边,关注着溪水中的动静。我跑到跟前一看,原来是"大树蛙"! 我顾不上脱鞋挽裤,径直涉水靠近。刚刚还在水里"蛙泳"的大树蛙,这会儿察觉到了危险，便蜷缩在水底，一动不动，被我们成功"俘获"。

1958年，四川大学曾在四川省秀山县（今重庆市秀山县）采到过这种大树蛙，近年在重庆武隆的天坑地缝和重庆金佛山也有记录；1995年，邵起生报道大树蛙为湖北省新记录，仅1号标本，采于通山县九宫山云中湖。

二、华西雨蛙武陵亚种、黑脊蛇、锈链腹链蛇、布氏泛树蛙、花臭蛙，一路走，一路有惊喜

当夜幕降临，重庆市风景园林科学研究院万涛博士等队员也加入了夜间调查的队伍。远远地，我们就听到水边的草丛和灌木丛中传来一阵阵穿透力极强的鸣叫。循着声音，我们在当地民居周围的空心砖洞中发现了一些蛙，它们单独或二到四只成小群地藏匿着，它们都是些绿得发亮的"小可爱"——华西雨蛙武陵亚种。

这是1997年才由沈猷慧先生根据湖南桑植天平山及邻近的湖北鹤峰大坪采得的标本发表的新亚种。该亚种主要分布于武陵山及周边地区，见于湖北（利川）、重庆（黔江、武隆、南川、江津等）、四川（合江）和贵州（印江、江口、雷山等），2012年暑期，我们在与坪坝营邻近的重庆酉阳也有采获。

我们走在大路上，按照5米间隙开展样线调查。不久，一条小小的黑影进入了我们的视线，抓起来后，它如鱼鳅般摆动着身躯，原来这是一条黑脊蛇。19世纪末，英国学者就报道在湖北宜昌采到过该物种；1931年，德国学者认为宜昌的黑脊蛇可能是一个新亚种。此次采获的标本，可以让我们好好研究一下这个问题。

刚走出去几步，我们又在路沿上发现一条刚被过往的居民无意踩死的幼蛇。它那腹部两侧黑色如针脚线的"腹链纹"表明，这是一条腹链蛇。我们开始以为它是一条"棕黑腹链蛇"，但经鳞片计数后发现，这其实是一条常见的锈链腹链蛇。

我们通过现场脚印勘查发现，这小家伙是被"一步登天"的。可奇怪的是，它的尾巴居然断裂在一旁，为什么会这样？后续的发现为我们解答了这个疑问。没过多久，在路旁的水田边，万涛博士惊呼"有蛇"。经过寻觅，发现一条同种成体。我抓住其颈部，它由于惊恐而卷曲了尾巴。这时，惊人的一幕在众人眼前发生：我轻轻触碰其尾部，它的尾部肌肉突然剧烈收缩，尾巴竟然断裂了！离体的尾巴还在地上扭曲不已，而断面可见锯齿状的肌肉束和少量出血。

▶ "长隆杯"第二届自然笔记大赛获奖作品《念"链"不忘——腹链蛇的一生》
（作者：罗尉宁　指导教师：罗键、张兵娟）

"自截！"我们一阵惊呼，这让我们非常意外。要知道，在白天的考察中，我还与队员们分析过"脆蛇"的案例。"脆蛇"实际上指的是脆蛇蜥，像多数蜥蜴一样，其尾部具有自我再生能力。根据《中国动物志》记载，自截是蜥蜴与蛇易于区别的重要特征之一。在查证国内文献后，尚无发现蛇类自截的报道，而国外报道也仅有草腹链蛇（印度）、黄斑渔游蛇（越南）等几个物种偶有自截现象发生。这个重大的发现，让我们陷入了沉思：蛇与蜥蜴——这一对亲缘关系很近的有鳞目亚目，究竟该如何区分？！

水田里，"哒、哒、哒"的蛙鸣声将我拉回到坪坝营的现实中，在田坎的草丛中，一只只棕色的树蛙被相继发现，而水面上漂浮的有点发黄的泡沫就是它们的卵泡。2012年暑期，在我们组织的"云中漫步"自然讲解员培训中，我们在重庆缙云山国家级自然保护区夜间调查时也发现过该种。不过，重庆和湖北等地的"斑腿泛树蛙"的分类还有待进一步厘清（现已证实为布氏泛树蛙，在武隆还发现了凹顶泛树蛙）。

▶ 第五届重庆市梦想课堂·自然笔记大赛获奖作品《听取蛙声一片》

（作者：周丹彤　指导教师：高红英、罗键）

　　花臭蛙，这种蛙的模式产地就在湖北宜昌，文献记载湖北除了宜昌，还见于丹江口、通山、长阳、五峰等地。2012年暑期，我们组织重庆市青少年创新人才培养"雏鹰计划"一期学员到重庆市秀山县太阳山下的隘口镇夜调，我们发现与坪坝营极其相似的生境里一流水旁的堡坎上，花臭蛙比比皆是；而在坪坝营，所见均为绿臭蛙，花臭蛙非常稀少。好不容易，我们在溪水中发现一只花臭蛙的幼体，为这次坪坝营的夜间调查画上了一个句号。

▶ 第八届重庆市梦想课堂·自然笔记大赛获奖作品《惊情130年——重庆石柱县中益乡惊现合江臭蛙》
（作者：史罗慧婷　指导教师：罗键、罗亚娟）

三、念想，常见不常见，稀有却在这里有

奇怪的是，在平日里被我们戏称"十处打锣九处在"的泽陆蛙、中华蟾蜍等常见物种，在本次考察中却一只也没见到，我们猜测，这可能与坪坝营农田较少的因素有关。而所谓正宗的"青蛙"——黑斑侧褶蛙，我们也只是在夜间调查中听到了一只雄性个体孤独的奏鸣而已。

此外，在访问中才知道，被当地土家人统称为"钱串子"的蛇，竟然包括了赤链蛇（红蛇）、王锦蛇（大王蛇）、黑眉锦蛇（菜花蛇）和乌鼠蛇（乌梢蛇）等多个物种。

在我们此次调查预案中的黄斑拟小鲵（2012年暑期，在坪坝营邻近的重庆酉阳、黔江相继发现），龙里瘰螈（2008年才发表的新种，文献仅记载于贵州龙里、绥阳，重庆酉阳和湖北咸丰，2013年暑期在重庆彭水也有发现）、黔江林蛙（2012年4月才发表的武陵山特有新种，2012年暑期又在坪坝营邻近的酉阳、彭水相继发现，2013年5月"雏鹰计划"二期学员王绗林和高宇等在黔江再次发现）、重庆琴蛙（2006年湖北新记录，仅1号标本采于湖北咸丰二仙岩，2011年暑期在重庆黔江马喇镇也有发现）和峨眉草蜥（2011年5月和2013年5月，重庆市保护母亲河行动青少年生态环境接力调研行动中，在重庆黔江白石乡有发现）等物种，我们在坪坝营的调查中也收集到了一些关于它们的有效线索。

几天的快速调查与评价工作做下来，我们对湖北咸丰坪坝营有了初步的了解和认识。这里的确是一片神奇富饶的土地，一片令人流连的林区。鸡公山、四洞峡、荆竹泉、白家河、大团坝、十字坝、牛角湾、石灰窑，虽然我离开这些地方已经两年，但坪坝营的景致却一直都出现在我的梦中。

所以，我想对很多朋友说，与其在别处走马观花、随意打望，不如到坪坝营与两栖动物和爬行动物亲密接触、深入探索，有一次这样的考察，会让你刻骨铭心。

（罗键、郭铸、高红英、尤先锋，
原载于《江河》2015年第3期第90—93页）

第2节

巴山夜里寻精灵

　　近几年,我们每年都会同重庆缙云山、四川花萼山、贵州赤水、湖北坪坝营等自然保护地的工作人员,以及各类公益机构一起,组织指导一些中小学生和亲子家庭走进大自然,依托梦想课堂,以传统二十四节气为节点,为他们提供绿色环保、感恩自然、身边博物学等自然教育课程,引导青少年记录在自然中观察到的事物,记下从自然中感受到的熏陶与启迪,学会欣赏自然、尊重生命、与自然和谐相处。

一、蟋蟀居宇,腐草为萤

　　从小暑到白露这两个月的时间,重庆持续开启"桑拿"模式。小暑开始,缙云山上的农家就住满了前来避暑的市民,在凉风习习的庭院,夜间会听到蟋蟀的叫声。蟋蟀,就是诗人余光中"在四川乡下听到"的那一种,是诗人流沙河"在我的记忆里唱歌"的那一种。除了蟋蟀,庭院附近还有许多"精灵"在活动,陆生涡虫、蜗牛和蛞蝓等在缓慢爬行,泽陆蛙和泛树蛙在水边高声鸣叫,薄翅蝉在枝条上逐步脱壳……

　　一块长满青苔的岩石边,一只萤火虫的幼虫正在捕食蛞蝓。这个"小吃货"一边吃,一边把两侧"尾灯"还打着"双闪"。这一发现,让小朋友们兴奋不已,纷纷围了过来。夜观萤火虫是给在城市里长大的小朋友们补的自然必修课,也可以让早已成年的家长们找回一点童真。

　　萤火虫有陆栖的,也有水栖的,它的一生会经历卵、幼虫、蛹、成虫四个阶段。在空中飞舞的萤火虫多为雄虫,雌虫则短翅或无翅。幼虫虽不会飞,但特别"能吃",它们在捕食蜗牛时会先将蜗牛麻醉,再将消化液注入蜗牛的身体,把肉分解后再吃,这在法国著名昆虫学家法布尔的《昆虫记》中有详细的描述。萤火虫喜欢将卵产在温暖潮湿的草被中,一般在大暑前后破壳而出,我国古人由此认为萤火虫是由腐草变化而成。

在自然界中,自身发光的活体生物被称为发光生物。发光生物在原生生物界、真菌界、植物界和动物界的11个门中都有发现。最大的动物门——节肢动物门中,发光动物主要分布在海蜘蛛纲、真甲壳纲、倍足纲、多足纲和昆虫纲。而已发现的发光昆虫隶属弹尾目、同翅目、双翅目和鞘翅目,它们在长期演化过程中演化出了专门的发光器官。有的昆虫雌雄都有发光器官,有的仅雌虫或幼虫或蛹才有发光器官。发光昆虫主要集中在鞘翅目,又主要分布在萤科、雌光萤科、光萤科和叩头虫科。此外,隐翅虫科也有发光种类。

在中国的传统文化中,蟋蟀意味着"共鸣"和"乡愁",蝴蝶代表着"蜕变"和"美丽",萤火虫则体现了"童趣"和"浪漫"。萤火虫是环境指示动物,但国内对其研究和保育甚少,在长江干流流经的几大城市中,重庆有记载的萤火虫仅4种,而武汉萤、雷氏萤等武汉本土物种已濒临灭绝。近年来,政府每年都会紧急叫停一些景区的萤火虫"放飞"行为。同时,很多乡村因水体污染、植被破坏等因素,不再适宜萤火虫的生存,在这些地方,我们都已经很难再看到"轻罗小扇扑流萤"的景象了,甚至,一些珍稀物种可能还没来得及命名就"香消玉殒"了。

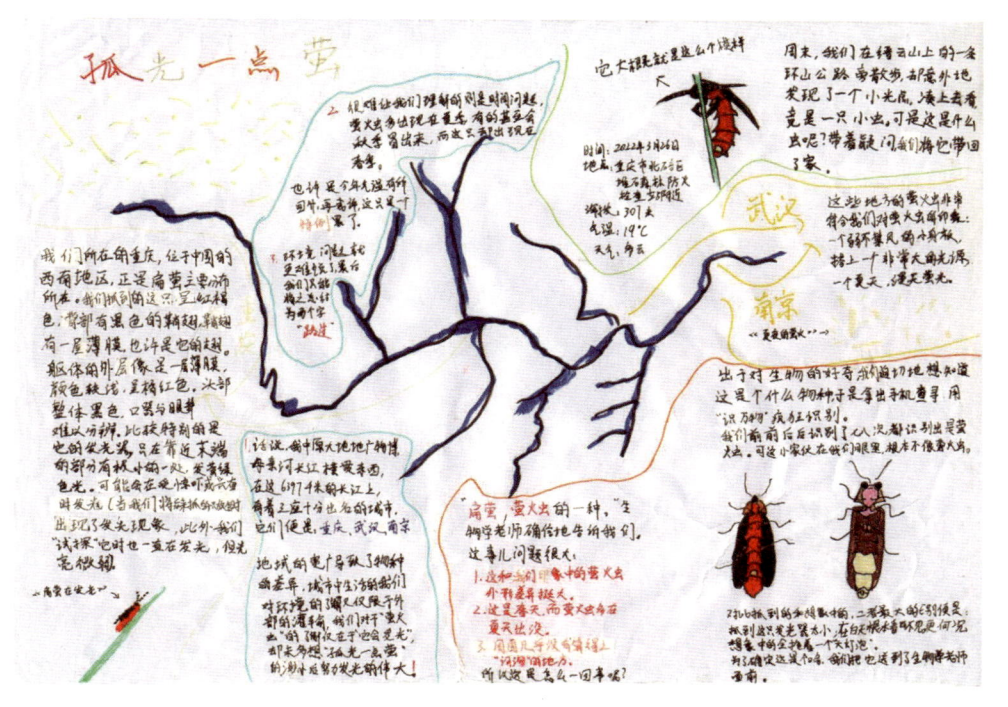

▶ 第八届重庆市梦想课堂·自然笔记大赛获奖作品《孤光一点萤》
(作者:王镇渝、吕麒　指导教师:高红英、罗键)

"萤火虫，萤火虫，慢慢飞，我的心，我的心，还在追……"与蝉相似，萤火虫在成年后生命同样特别短暂，一般只有短短的几天到一个月的时间。也许，你看到的那一只正在空中飞舞的萤火虫，现在已是它的生命末日。那看似浪漫的萤火背后，其实是一段悲情的告别。目前，科学家们要做的，是为萤火虫赢得更多生存空间；大众可以做的，是在一旁静静观赏萤火虫上演的一幕幕精彩的自然大戏，不破坏环境，或与科学家们一起研究和保护它们。在我们组织的这一系列活动中，孩子们印象最深的莫过于夜间调查了，因为，在这个过程中总能发现一些平时见不着的生物……

二、梦想课堂，社区教育

迄今为止，人类发现、描述和命名的物种不足全球所有物种的一成，很多物种还未经发现就在生态系统中快速地灭绝了。气候变化、人类活动等因素导致生物栖息地大量减少，使得许多珍稀物种数量锐减。在科学技术快速发展的今天，虽然传统分类学危机重重，但是随着公众科学的发展，发达的在线数据、物流，以及强大的智能手机APP，让越来越多的社会公众有机会参与到物种的发现、鉴别及保育的过程中去。

我们在开展梦想课堂社区教育的过程中，根据最新的分类系统对本土物种数据进行厘定，发现了很多有意思的情况。比如在夏夜里，我们时常会听到一些尖利的声音发自空中和草丛，飞翔的是翼手类，潜行的则是食虫类。

截至2017年，重庆市已发现蝙蝠30余种，其中最漂亮的是赤黑鼠耳蝠，该物种系2006年罗键和高红英报道的重庆市翼手类新记录，当时的"绯鼠耳蝠"实际包括赤黑鼠耳蝠和金黄鼠耳蝠2个物种。1941年，泰特将鼠耳蝠属划分为7个亚属，其中金翅蝠亚属得到了形态学和分子生物学的双重支持。金黄鼠耳蝠模式产地在尼泊尔加德满都谷地，种下又划分为2个亚种：指名亚种分布于喜马拉雅山邻近地区，包括阿富汗、巴基斯坦、印度、尼泊尔、孟加拉国及我国西藏；台湾亚种过去认为是我国台湾地区特有类群，近年在我国江西井冈山，以及越南清化也有发现。在以前的报道中，与上述2个物种混淆的"金色蝙蝠"实际是彩蝠，广东、广西和海南等华南沿海地区发现的均为此种，而福建武夷山、四川及陕西南部记录的彩蝠实际上是赤黑鼠耳蝠。遗憾的是，赤黑鼠耳蝠和暗褐彩蝠分别自2006年和1933年新记录报道后，重庆市域就很少发现（2024年3月报道在缙云山发现暗褐彩蝠）。

在四川盆地及周边山区，食虫类中最常见的动物莫过于俗称"地滚子"的微尾鼩。

长期以来,它们被认为是单属独种,2018年才确认为4个物种,在我国各地均有分布:四川微尾䘵在重庆和四川是优势种,但在国内其他几个省份及东南亚则为稀有种;台湾微尾䘵模式产地为宜兰太平山,仅见于我国台湾地区的部分山区;喜山微尾䘵模式产地在我国西藏错那市邦迪拉,国外见于不丹和印度;阿萨姆微尾䘵模式产地在印度阿萨姆,国内见于西藏墨脱县米什米山,国外分布于印度东北部及缅甸西部。这些都证明了,从我国东南至西南,再绵延至喜马拉雅山脉的山系,过去有一个时期曾是一个连贯的区域。

▶ 第八届重庆市梦想课堂·自然笔记大赛获奖作品《霜降巴山 十年锦斑》
(作者:罗渠高 指导教师:罗键、龙杰)

华庆锦斑蛾也有类似的情况,该物种的分布地也是从喜马拉雅山区经东南亚,我国西南、华南、东南(包括台湾地区)至琉球群岛(2021年的最新研究认为该物种其实可分为2个物种)。不过,该物种在重庆北碚的发现,却是另一个故事了。这种"南虫北移"的现象,究竟是花木贸易所致,还是气候变化使然,尚待持续监测和研究(2010年以后的研究认为系因气候变化引起的"重返故乡")。

据报道,2017年6月21日晚,6岁的何宥呈小朋友在重庆市渝北区一个小区玩耍时,发现一对正在抱对的蟾蜍,后经证实这对蟾蜍为重庆市物种新记录黑眶蟾蜍。这个物种自然分布于浙江、江西、福建、湖南、广东、广西、海南、四川、贵州、云南及港澳和台湾地区,国外见于东南亚和南亚。我们分析,该物种这次在重庆渝北被发现(2024年清明在重庆市大渡口区也有发现),与之前在宁夏永宁被发现的情况类似,很可能是引种鱼苗时混入了该物种的蝌蚪所致。

▶ 第四届重庆市梦想课堂·自然笔记大赛获奖作品《黑眶蟾蜍"新发现"——重庆市(渝北区)物种新记录》
（作者：赵维、赵英豪　指导教师：罗键、李九彬）

2017年7月17日晚,重庆市渝中区自然介公益发展中心对重庆市酉阳土家族苗族自治县大板营自然保护区进行夜间调查时,发现了一只雌性角蟾,经鉴定为峨眉髭蟾,这是重庆市该物种的再发现且为市内首次发现的成体。峨眉髭蟾系刘承钊院士1945年发表的新属种,为我国特有濒危物种。该物种俗称"胡子蛙"或"角怪",栖息于海拔600米~1700米植被茂盛的山溪附近。已知分布地包括湖北(恩施)、湖南(桑植、石门)、广西(田林)、重庆(酉阳、武隆)、四川(峨眉山、筠连、都江堰、雅安、夹江)、贵州(印江、江口、绥阳)等地。重庆和湖北均为2010年报道的属种新记录,其中重庆正是依据2008年5月在酉阳大板营采到的7号蝌蚪。

"虫儿飞,花儿睡,一双又一对才美,不怕天黑,只怕心碎,不管累不累,也不管东南西北。"这首童谣通过萤火虫与睡莲的夜语,勾勒出生命互动的诗意画卷。流萤点灯照亮花瓣的瞬间,恰似孩童以纯真目光丈量世界。

我们相信，一个懂得爱物知恩、节用惜福的人，一定会珍惜自己的名誉和生命，做一名最有益于自然、最有益于社会、最有益于他人的人，也最能让我们找到自己的人生梦想和价值追求。做一名热爱自然和生命的人很简单，只要有一张纸、一支笔、一部智能手机、一双善于发现的慧眼和一颗热爱自然的心就可以了，人人都可以成为自然观察员，人人都是物种发现者！

（罗键、易子琳、马玉龙、吴仪、万宁怡、廖泓茌、谢宇桢、李九彬、刘馨橘、吴春梅、陈灿、刘晓慧、龙杰、刘玉芳、郑利梅、曾曦露、罗渠高、高红英，

原载于《江河》2017年第4期第94—97页）

第3节

巴山·碚城·马鞍溪

一、巴山夜雨涨秋池

▶ 第八届重庆市梦想课堂·自然笔记大赛获奖作品《巴山夜雨涨秋池——农谚与雨》

（作者：宋睿宏、鲁若琳　指导教师：罗键、毛群梅）

缙云山古名"巴山"，由于日间白云缭绕，晨昏霞云缤纷，而古以"赤多白少"为"缙"，故称"缙云山"，它与峨眉山同为巴蜀佛道胜地，素有"川东小峨眉"之称。"南朝四百八十寺"中的缙云寺和温泉寺就坐落于缙云山。

重庆缙云山国家级自然保护区位于北碚、沙坪坝、璧山三区交界处，地处嘉陵江小三峡之温塘峡西岸，自东向西有朝日、香炉、狮子、聚云、猿啸、莲花、宝塔、玉尖、夕照九峰绵延。这里属亚热带季风气候，温暖湿润，环境优越。本地雨量充沛，七成降雨在夜间发生，自古有"巴山夜雨"之说。

缙云山自然保护区内物种资源十分丰富，起源古老，物种稀有程度高，特有性显著，是长江中上游地区的植物种质基因库。截至2018年，缙云山已知被子植物158科795属1577种（含2015年以来发现的木油桐、异叶梁王茶、岩木瓜等新分布物种），裸子植物9科23属45种，蕨类植物37科72属152种，苔藓植物55科112属244种，藻类植物28科60属206种，以及大型真菌51科109属184种。

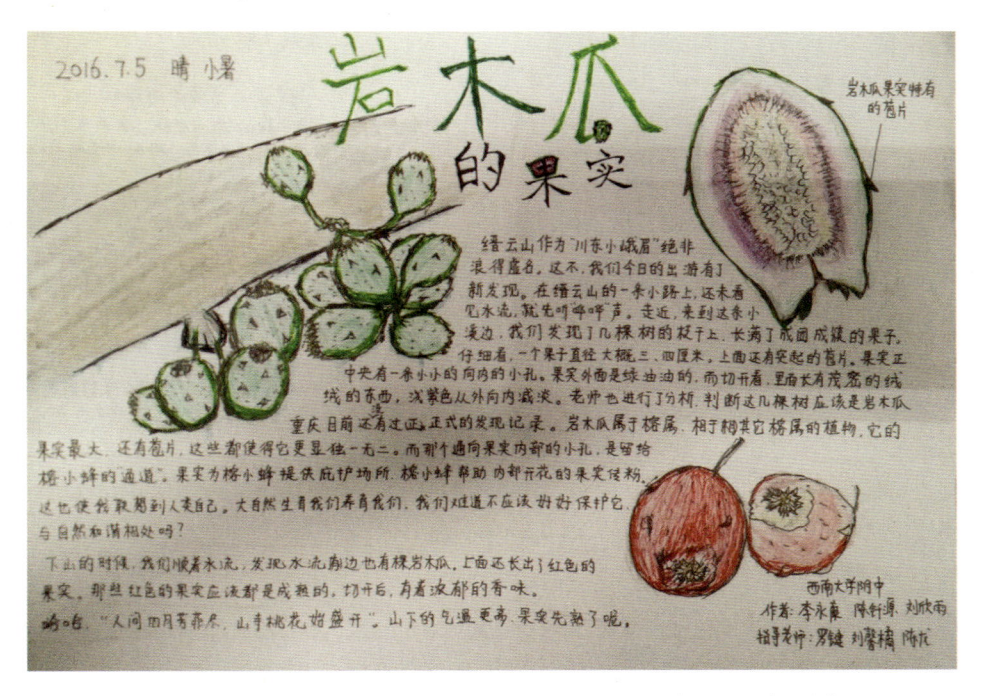

▶ 第三届重庆市梦想课堂·自然笔记大赛获奖作品《岩木瓜的果实》

（作者：李永康、陈钎源、刘欣雨　指导教师：罗键、刘馨橘、陈龙）

缙云山自然保护区内有国家重点保护植物52种，其中国家一级保护植物14种，国家二级保护植物38种。良好的森林植被为野生动物提供了栖息环境，然而由于人力、物力等因素的制约，缙云山的野生动物资源截至2018年仍未进行过详尽的本底调查，仅对节肢动物门的昆虫纲和蛛形纲，以及脊索动物门的陆生脊椎动物进行过专项调查。截至2018年的调查结果表明，节肢动物门2纲共有20目147科1303种，包括昆虫纲17目119科1076种，其中的皱胸闪光天牛、横线绿虎天牛、鱼藤跗虎天牛、脊胸突天牛、华庆锦斑蛾等是重庆市物种新记录。蛛形纲3目28科227种,其中的长管奥塔蛛、钩刺足蛛、宗煦刺足蛛和渝洞密蛛等是2015年以来依据缙云山标本发表的新物种,叉斑奥塔蛛、台湾奥塔蛛、日本管蛛、中华管蛛等是重庆市物种新记录。陆生野生脊椎动物4纲26目63科238种,包括两栖纲1目4科13种,爬行纲2目9科25种,鸟纲16目35科164种,哺乳纲7目15科36种,其中合江臭蛙、脆蛇蜥、红交嘴雀、毛翼蝠等是2010年来我们发现并报道的重庆市物种新记录。

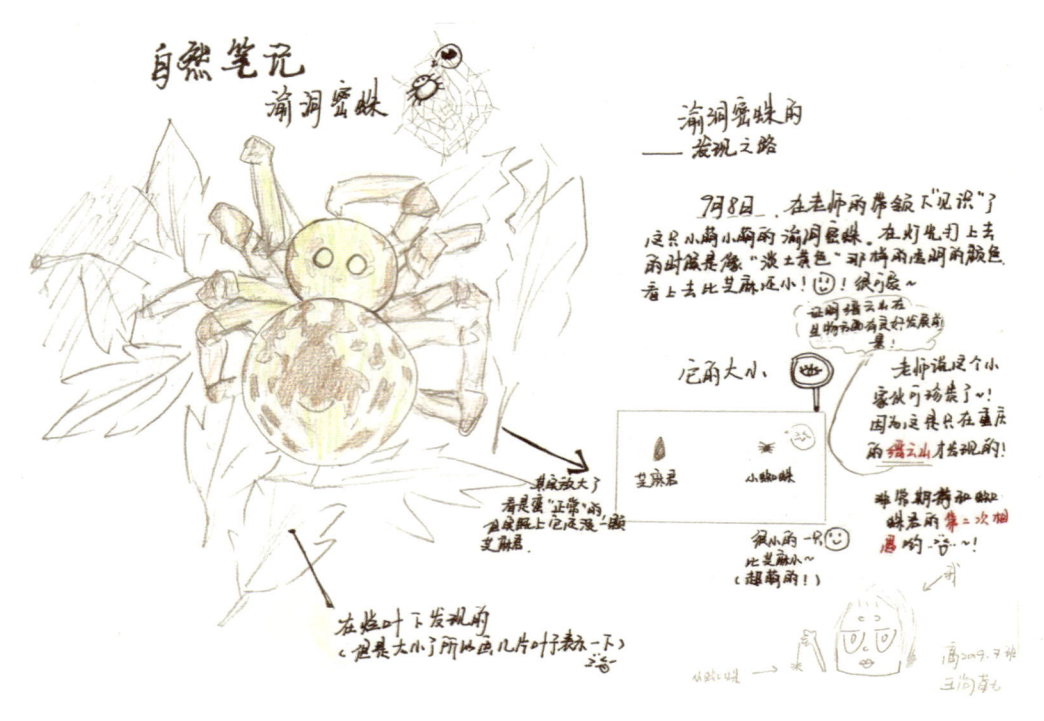

▶ 第三届重庆市梦想课堂·自然笔记大赛获奖作品《自然笔记:渝洞密蛛》

(作者:王尚勤　指导教师:罗键)

二、碚城大义诺亚舟

一个世纪以来,来北碚开展科学考察和研究工作的国内外学者、大专院校师生络绎不绝。抗战期间,北碚曾是很多重要科研机构的驻地,一度成为中国科学界的"诺亚方舟"和"战时学术研究中心"。

1930年9月,爱国实业家卢作孚在北碚创办的中国西部科学院,下设理化、地质、生物、农林4个研究所。该院与在北碚的中央研究院动植物研究所、气象研究所,经济部中央地质调查所、中央工业实验所、矿冶研究所,农林部中央农业、林业、畜牧实验所,中国科学社生物研究所,江苏医学院,中国地理研究所等机构共同筹办"中国西部博物馆"。该馆于1944年开馆,展品有我国第一件地形浮雕,第一具由中国人发掘、研究、装架的恐龙——"许氏禄丰龙",以及一副大熊猫标本——"中华白熊"标本等,并将动物陈列作自然环境布置。中华人民共和国成立后,该馆先后改建为西南人民科学馆、西南博物院自然博物馆、重庆市博物馆。1981年四川省人民政府在重庆博物馆增挂"四川省重庆自然博物馆"牌子。1991年重庆自然博物馆独立建制至今。

1937年,国民政府迁都重庆,北碚成为陪都的迁建区,赢得了"小陪都"的美誉。迁碚的中央部级单位、中央直属单位,以及教育、科学、文化机构等合计近百所。复旦大学、江苏医学院等20余所大专院校纷至沓来,中央研究院动植物研究所(1944年分设动物、植物研究所)等20余所国家科研机构和3000余名教育、科学、文化界名流接踵而至。

1943年4月,中英科学合作馆馆长李约瑟在中国科学社生物研究所所长钱崇澍陪同下访问中央研究院动植物研究所等内迁机构,李约瑟后来记述道:"中国最大的科学中心是在一个小市镇上,叫作北碚。"当时,这里保存了中国的学术星火,涵养了西部的研究人才,也让北碚的多项基础研究,包括生物多样性数据直至21世纪初依然在重庆的各区县中名列前茅。截至2018年,两栖爬行类中仅一例"重庆"记录的发现地不是在北碚。

2017年10月和2018年9月,西南大学附属小学和附属中学学生在校园和石岩村内相继发现2号"迷你蛇"。经鉴定系盲蛇科印度盲蛇属的钩盲蛇(曾称盲蛇、婆罗门盲蛇),为重庆市北碚区物种新记录。钩盲蛇是我国乃至世界已知蛇类中最小的,由于其孤雌生殖方式,加上常穴居于土壤中,使它们意外通过全球性的园艺贸易扩散至自然分布区外的许多热带和亚热带地区,成为世界上分布最广的蛇。

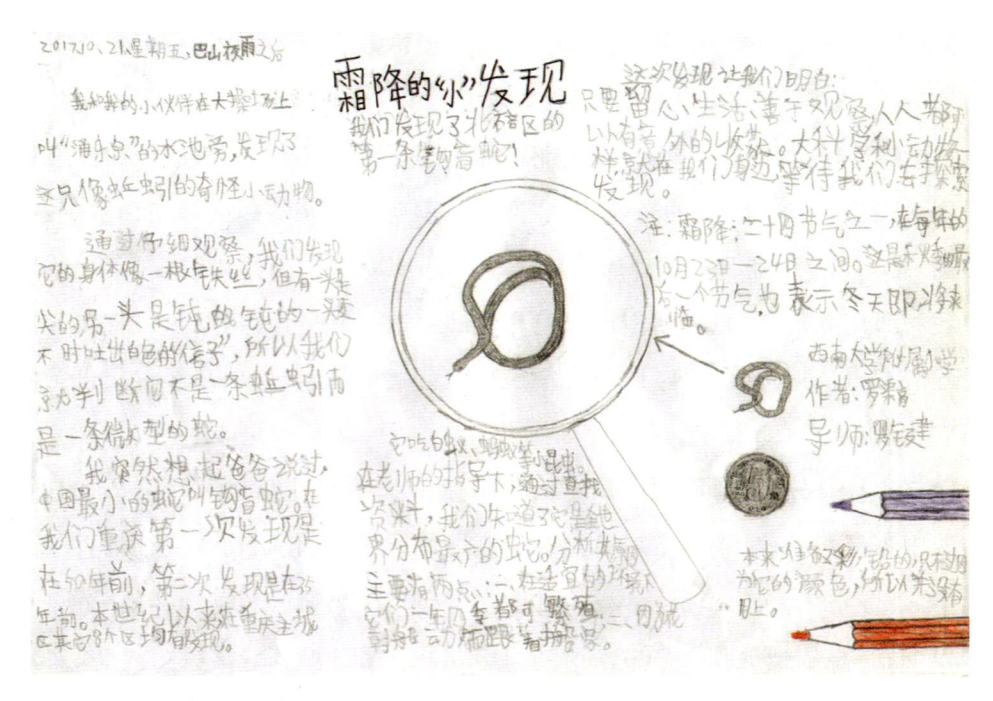

▶ 第四届重庆市梦想课堂·自然笔记大赛获奖作品《霜降的"小"发现》

（作者：罗渠高　指导教师：罗健）

三、青史悠悠马鞍溪

重庆主城被铜锣、中梁、缙云、明月四山分割，每年春秋两季都有猛禽迁徙经过这里。随着生态环境的不断改善，迁徙经过或栖息在重庆的鸟类越来越多，从重庆观鸟会2018年发布的《重庆鸟类名录3.0》来看，重庆共有鸟类20目75科478种（2024年4月发布的《重庆鸟类名录8.0》记录了21目78科538种），约占全国鸟类种数的三分之一。相较于2015年发布的《重庆鸟类名录2.0》，共新增30个鸟类新记录，其中有13个新观察记录来源于主城区。这些鸟类的新发现得益于观鸟活动、科学影像，以及自然笔记等公众科学形态的融入。最近几年的定点观察和监测证实，重庆是中国乃至亚洲地区猛禽迁徙的重要通道之一，被观测到的猛禽达30余种，其中不乏罕见的大型珍稀濒危猛禽褐冠鹃隼、短趾雕、靴隼雕、白腹隼雕等。

缙云山岩层为砂岩和泥页岩相间组合结构，上层为厚砂岩，下层为泥页岩，泥页岩积水，岩层越厚积水越多。在砂岩和泥页岩接触面，有接触水流出，西南大学附属中学的学生们曾在这种流水中发现了缘毛钩虾等重庆物种新记录。在缙云山的东南翼和西北翼上有许多平行排列的顺向河及冲沟，构成了缙云山的梳状水系。由于山体蓄水量较大,冲沟中大多有常年性流水。东南翼的山泉在黑石坪东北面流入马鞍溪,黑石坪西南面的山泉流入龙凤溪,西北翼的山泉悉数流入璧北河(运河),这三条溪河最终分别在碚石、何家嘴和澄江汇入嘉陵江。

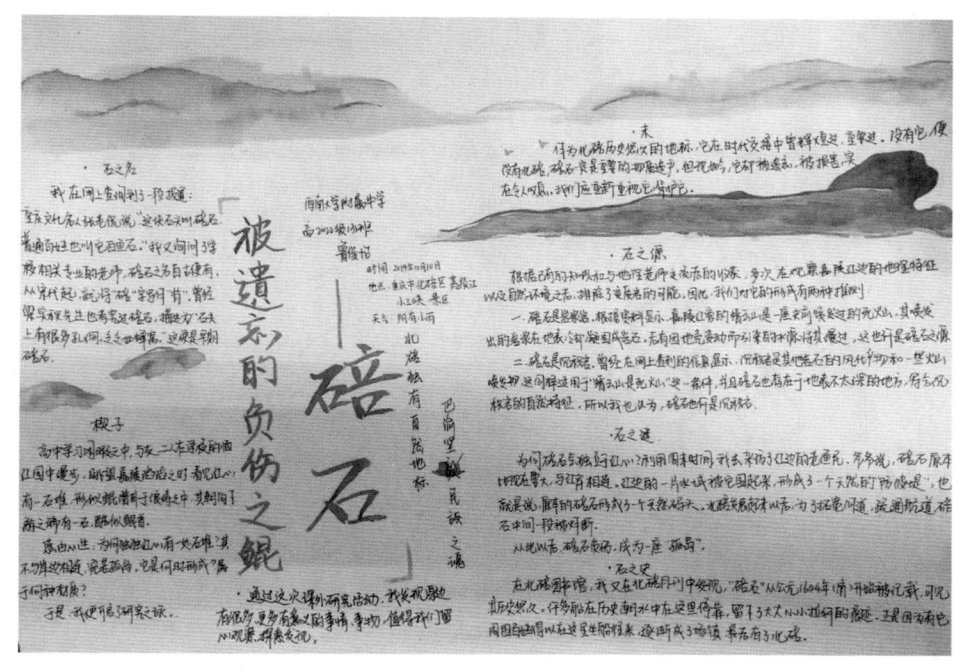

▶ "长隆杯"第二届自然笔记大赛获奖作品《被遗忘的负伤之鲲——碚石》
(作者:鲁俊怡 指导教师:罗健、张兵娟)

马鞍溪全长约7.5公里,张自忠将军墓、重庆自然博物馆新馆、马鞍溪湿地公园、西南大学及其附属中学、中央研究院动植物研究所暨中国科学社生物研究所旧址、中国西部科学院暨中国西部博物馆旧址、卢所孚纪念馆(文昌宫、峡防局旧址)等历史文化和科教地标分布在小溪的两岸。

北碚有着得天独厚的山水自然资源,生态环境优美,森林覆盖率较高(约占48.7%),被誉为"都市花园"。如今,北碚是全国优秀旅游城市、国家园林城区、全国绿化模范城市、国家环境保护模范区、国家生态示范区、森林城市标准化示范区,并荣获中国人居环境范例奖、全国首批国家可持续发展先进示范区等称号。

近几年,全国正在如火如荼地推行河湖长制。推行河湖长制,须坚持以自然恢复为主,加快重点河段的防洪和生态工程建设,强化岸上源头控制,减少农业种植、畜禽养殖、城镇生活等造成的污染,保护流域内的生物多样性,水陆统筹,系统推进;推行河湖长制,须充分发挥群众,特别是青少年的主体作用,设立"民间河湖长",可以组建青少年保护母亲河监护队,聘请专管员、保洁员,鼓励群众不要把江河湖泊只视为"公家"的,也要当成"自家"的,最终形成群众参与、"门前三包"、共管共治的生动局面;推行河湖长制,须依靠物联网、大数据、北斗导航等技术手段来科学推进,利用水文、生态监测等站点,包括青少年保护母亲河生态监测站,强化对湖泊及入湖河流的监测监控,为河湖长履职、监督考核提供技术和信息支撑,确保江河湖泊的宁静和美丽。

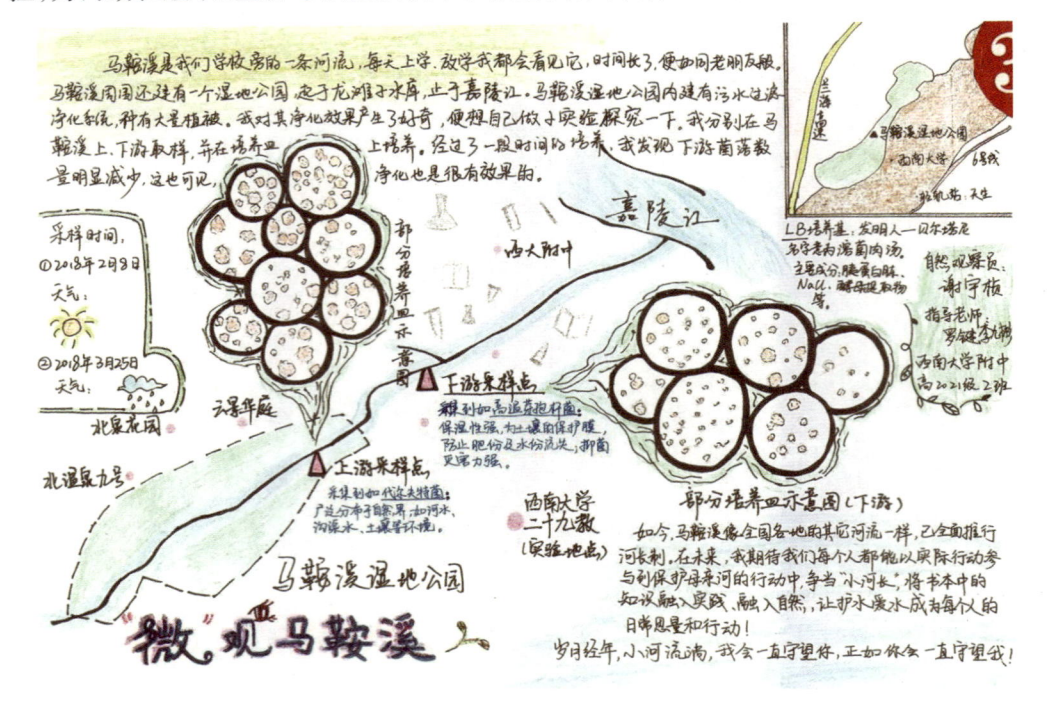

▶ 第四届重庆市梦想课堂·自然笔记大赛获奖作品《"微"观马鞍溪》

(作者:谢宇桢　指导教师:罗键、李九彬)

也许,真正呵护我们成长、承载我们记忆、滋养我们身躯、浸润我们灵魂的,就是门前的那条小河。

(罗键、赵维、马玉龙、张茯稀、龙洋、钟婧玲、谢宇桢、罗渠高、刘文义、张韵祥、谢东辰、卿宸、李九彬、曹瀚允、张兵娟、宋洁、姚杰、杨金花、盛梦蝶、王芳芳、王红、霍一丹,原载于《江河》2018年第3期第84—87页)

参考文献

[1] 罗键,高红英.重庆市翼手类调查及保护建议[J].四川动物,2002(1):45-46.

[2] 高红英,罗键.重庆市蛇类一新记录:绞花林蛇[J].四川动物,2002(3):186-185.

[3] 罗键,高红英,韦帆,等.重庆开县两栖爬行动物物种多样性及其保护[J].四川动物,2003(3):140-143.

[4] 罗键,高红英.重庆市巴南区发现的钩盲蛇及其分布现状[J].四川动物,2003(4):233-234.

[5] 罗键,高红英,周元媛.重庆市爬行动物物种多样性研究及保护[J].四川动物,2004(3):249-256.

[6] 罗键,高红英,王宇,等.重庆市两栖动物物种多样性研究及保护[J].四川动物,2005(3):378-385.

[7] 罗键,高红英.在重庆和辽宁发现绯鼠耳蝠 *Myotis formosus*[J].四川动物,2006(1):131-132.

[8] 罗键,肖伟,朱济坤,等.桃花水母的分类分布与保护[J].现代学术研究杂志,2007(7):120-124.

[9] 罗键,高红英,龚彬,等.重庆市陆生脊椎动物物种多样性及保护:谨以此文敬献给重庆直辖十周年[J].重庆师范大学学报(自然科学版),2007,24(增刊):64-67.

[10] 罗键,高红英,陈文新,等.重庆市两栖爬行动物贸易初步调查[J].重庆师范大学学报(自然科学版),2007,24(增刊(2)):25-26.

[11] 黄静,罗键,宋劲秋,等.重庆市两栖类两新纪录:合江棘蛙和合江臭蛙[J].动物学杂志,2010,45(2):158-161.

[12] 罗键,高红英,刘颖梅,等.中国蛇类名录订正及其分布[M]//计翔.两栖爬行动物学研究:第12辑.南京:东南大学出版社,2010:67-91.

[13] 刘颖梅,罗键.开发高中生物社团校本教材的设想[M]//尹先国.群体的美声.重庆:重庆出版社,2010:352-356.

[14] 王宇,高红英.培养学生的生物科学素养:新课改背景下学生综合实践活动的开展[M]//尹先国.群体的美声.重庆:重庆出版社,2010:357-361.

[15] 高红英,孟波,王宇,等.关注钩盲蛇[J].科技创新导报,2011(10):216.

[16] 肖明春,高红英.纸上得来终觉浅,绝知此事要躬行[M]//邓朝阳.成长方程式.重庆:重庆出版社,2011:182-187.

[17] 罗键,郭光亮.重庆首次拍到的峨眉草蜥[J].大自然,2011(6):42-44.

[18] 罗键,刘颖梅,高红英,等.重庆市两栖爬行动物分类分布名录[J].西南师范大学学报(自然科学版),2012,37(4):130-139.

[19] 饶纪腾,遇宝成,罗键,等.广东省车八岭国家级自然保护区两栖爬行动物资源调查[J].四川动物,2013,32(1):131-136.

[20] 易建华,甘小平,黄自豪,等.重庆市发现光雾臭蛙和南江臭蛙[J].动物学杂志,2013,48(1):125-128.

[21]罗键,唐鑫生,高红英,等.草蜥属 *Takydromus* 的分类分布和保护[C]//第九届全国野生动物生态与资源保护学术研讨会论文集.2013:127-128.

[22]罗键,黄仕友,李越,等.中国蛇类新种及新亚种[C]//第二届中国西部动物学学术研讨会论文摘要集.2013:68-69.

[23]罗键,李越,黄仕友,等.我国小鲵科物种的分类和分布现状[C]//第二届中国西部动物学学术研讨会论文摘要集.2013:69-70.

[24]洪兆春,彭丽宇,黄仕友,等.綦江河重庆市江津段中华秋沙鸭越冬种群调查研究[C]//第二届中国西部动物学学术研讨会论文摘要集:105-106.

[25]张万琼,李九彬,付新民,等.三峡库区中学环境与可持续发展教育实施策略探讨:以西南大学附属中学为例[J].西南农业大学学报(社会科学版),2013,11(10):121-125.

[26]罗键.缙云山两栖爬行动物调查[M]//洪兆春.生物多样性保护教育实践案例研究.北京:中国环境出版社,2013:51-54.

[27]高红英.新课程背景下中学生物教学中的德育教育[M]//胡忠于.教研与反思.重庆:重庆出版社,2014:259-261.

[28]李欣蔚,游航,罗键,等.金佛山岩溶洞穴菌蚊观察报告[J].科学咨询(科技·管理),2015(5):83-84.

[29]苏岩,罗键,甘小平,等.花萼山国家级自然保护区两栖动物调查与评价[J].西南师范大学学报(自然科学版),2016,41(5):92-98.

[30]周也,蒋国威,余铭瑶,等.我国石龙子属的分类和分布[C].中国动物学会两栖爬行动物学分会2017年学术研讨会论文集[C].2017:29.

[31]罗明月,罗键,李远蓉,等.基于三种视角下RLTESECC项目的经验与反思:以科学组为例[C]//The Fifth Annual International Conference on Reciprocal Learning Between Eastern and Western Education & Conference on Deep Learning and Classroom(第五届东西方教育互惠学习国际会议暨深度学习·课堂研究研讨会)论文集.2018:17-21.

[32]Peng,Wang,Ding,et al.A New Species of the Genus *Sinomicrurus* Slowinski, Boundy and Lawson, 2001 (Squamata: Elapidae) from Hainan Province, China[J].Asian Herpetological Research,2018,9(2):65-73.

[33]GEORGE ZHOU,SONIA HO,HALEY FREEDMAN,et al.Reciprocal Learning between Canadian and Chinese Schools through the 24 Natures Notes Project[J]//The Fifth Annual International Conference on Reciprocal Learning Between Eastern and Western Education & Conference on Deep Learning and Classroom(第五届东西方教育互惠学习国际会议暨深度学习·课堂研究研讨会)论文集.2018:1-15.

[34]李九彬,罗键,刘其宪.立人新民学行天下:西南大学附属中学校[J].中国科技教育,2020(2):50-51.

[35]罗键,张兵娟,廖祥贵.如何有效开展生物多样性探究活动?重庆的这项活动总结了四个流程[EB/OL].(2020-08-04)[2024-10-30].https://www.mee.gov.cn/ywgz/zrstbh/swdyxbh/202008/t20200804_792646.shtml.

[36]罗键,张兵娟,李九彬.生态教育20年:理念、实施和发展[J].今日教育,2020(Z1):44-49.

[37]李九彬,宋洁,罗键,等.以水育人用情蕴校:西南大学附属中学水科技教育的模式、实施与成效[J].中国科技教育,2020(12):15-18.

[38]欧健,刘其宪,张兵娟,等."双新双城"背景下生涯教育促进"三位一体"特色发展[M]//重庆市教育委员会,重庆市教育科学研究院.2020年重庆教育发展报告.重庆:西南大学出版社,2021:426-431.

[39]GEORGE ZHOU,YUANRONG LI,JIAN LUO.Science Education and International Cross-Cultural Reciprocal Learning[M].Cham:Springer Nature Switzerland AG.,2023.

[40]罗键.在心田里播下科学的"种子":探索缤纷美好的世界[N].光明日报,2023-03-29(7).

"三生"教育与生物探究

后记

  2015年西南大学银翔实验中学建校之初,我们便总结以往经验,结合重庆市教育学会第八届基础教育课题以及重庆市教育科学规划专项重点课题等相关内容开展实施,开启了校本课程《"三生"自然教育》的探索之旅。特别是在重庆市普通高中教育教学改革研究课题《基于山地中学的环境适应性课程开发与实施的研究》(2017CQJWGZ3042)、重庆市教育科学规划课题《基于多学科融合的多途径劳动教育课程建设研究》(2021-10-217)和《新时代农村中小幼劳动教育体系化建构与实施研究》(K24ZG1150257)的支持下,我们成功地将自然教育与劳动教育相融合。

  在此期间,我们陆续收到邀请,在多个知名平台开设自然教育专栏。从2014年至今,我们在共青团重庆市委《少年先锋报》,2015—2018年在水利部《江河》杂志,2020年至今在中央广播电视总台"央视频",2021年至今在全国绿委和国家林草局《中国绿色时报》上实时发布师生们的课程成果和研究发现。我们的工作也为西南大学附属中学生物学教研室的发展发挥了积极作用。2017年,教研室获准立项建设重庆市北碚区普通高中生物学课程创新基地,2021年晋级重庆市普通高中生物学课程创新基地,同年"支点"创新实验室获准立项建设重庆市首批中小学创新实验室。本书的18节内容原载于《江河》杂志,现在回头看,深夜撰写专栏是第一次创作,编辑精心修订是第二次创作,此次汇编成书并修订增补是第三次创作。每一次创作都是成长与提升的契机,在此特别感谢十年来为我们开设专栏进行润色的各报刊、平台以及西南大学出版社编辑们的辛勤付出。

  《"三生"教育和生物探究》以自然教育为核心,以创造性劳动为基石,教师引导学生"关爱生命、关切生活、关注生涯",致力于培养学生德智体美劳全面发展,达成"五育融合"。通过"三生"自然教育,我们期望学生在参与学校或社会的各项实践活动以及人际交往中,养成尊重他人、自强自爱、团队合作的品德。理论与实际相结合的课程设置,可以帮助学生在解决实际问题的同时产生创新性想法,进而获取新知,逐步提升自己的知识水平。各种实践活动需要学生全身心参与其中,身体力行,最终得到具有创造性的成果,品尝劳动带来的果实。在调查自然、探究生物的过程中,让学生领略自然之美,培养学生发现美的能力。

"三生"自然教育旨在借助精心设计的活动,将"关爱生命、关切生活、关注生涯"的理念一点点地传递给大家,我们希望无论是学生还是其他读者,都能认识到人际交往中良好品行的重要性,并在不断学习中实现自我提升。

付出总有回报,我们完成的《基于综合实践活动的生涯教育实践探索》于2022年荣获重庆市教学成果奖特等奖、2023年获得国家级教学成果奖二等奖;《"三生"自然教育》于2024年获重庆市教委批准立项建设的重庆市普通高中精品选修课程。

我们希望本书能引导读者从全新视角审视大自然,不仅对大自然充满热情,还能积极参与其中。读者甚至可以用公众科学的方式展现更多大自然的魅力,吸引更多人加入热爱和保护大自然的队伍中。同时,也希望本书能为孩子们和我们自己带来前进的动力,让热爱大自然成为终身的兴趣爱好,甚至是专业发展方向。

重庆市《"三生"自然教育》精品选修课程组
2024年10月22日